Rik Wouters

DE MENSELIJKE FIGUUR · LA FIGURE HUMAINE · THE HUMAN FIGURE

RIK WOUTERS

Rik Wouters

DE MENSELIJKE FIGUUR · LA FIGURE HUMAINE · THE HUMAN FIGURE

SNOECK-DUCAJU & ZOON - PANDORA

Colofon / *Colophon* / Colophon

Uitgegeven ter gelegenheid van de tentoonstelling
Rik Wouters, de menselijke figuur
Cultureel Centrum A. Spinoy
Minderbroedersgang 5
2800 Mechelen
31 januari - 11 april 1999

Publié à l'occasion de l'exposition
Rik Wouters, la figure humaine
Centre Culturel A. Spinoy
Minderbroedersgang 5
2800 Malines
31 janvier - 11 avril 1999

Tentoonstelling / *Exposition*

Organisatie / *Organisation*: Het gemeentebestuur van Mechelen /
Les autorités communales de Malines
Selectie / *Sélections*: Bedet Simon
Ruimtelijke Vormgeving / *Concept et Montage*: Will van Roosmalen
Coördinatie / *Coördination*: Huub Colla
Assistentie / *Assistance*: Bieke Suykerbuyk

Catalogus / *Catalogue*

Snoeck - Ducaju & Zoon N.V. (Bartel Baccaert) en Pandora N.V.
(André Bollen)
Vormgeving / *Concept*: Annick Blommaert

Alle vertaal- reproductie- en auteursrechten voorbehouden voor alle
landen. Niets uit deze uitgave mag worden vermenigvuldigd zonder
schriftelijke toelating van de uitgever en de auteurs. Elke reproductie
door middel van fotocopie, fotografie, microfilm, magneetband,
diskette of enig andere manier staat gelijk met namaak en is wettelijk
strafbaar.

Tous droits de reproduction, même fragmentaire, sous quelque forme que ce
soit, y compris photographie, photocopie, microfilm, bande magnétique,
disquette ou autre, réservés pour tous pays.

© Sabam, Belgium 1999
ISBN 90-5325-128-6
W.D./D.L. 1999/5890/1

Illustratie cover / *illustration jaquette* / Cover illustration:
1. Rik met blauwe blouse (1914)
   Rik à la blouse bleue (1914)
   Rik with blue blouse (1914)

Frontispice:
2. Het zotte geweld of de dwaze maagd (1912)
   La vierge folle (1912)
   The foolish frenzy (1912)

Titelpagina / *page titre* / titlepage:
De jonge Rik
Le jeune Rik
The young Rik

Inhoud · *sommaire* · contents

Een loflied op het leven

In haar oorsprong is een stad een plaats van vrijheid, waar mensen met verschillende opvattingen wonen, elkaar ontmoeten, zin geven aan hun bestaan. Een soort dynamisch samenlevingsproject waardoor, in een geest van verdraagzaamheid en solidariteit, gestalte wordt gegeven aan welvaart en welzijn. De stad staat voor een verfijnde vorm van leven.

Het begrip stedelijkheid is nauw verbonden met cultuur, zoals woorden als city en civilisatie aangeven. De stad Mechelen heeft onder het bewind van de Bourgondische vorsten en daarna onder de Habsburgers een gouden periode gekend. De toen gerealiseerde architectuur, eerst laatgotisch en vervolgens renaissancistisch, geeft aan het stadsbeeld nog steeds prestige. Zonder open visie voor wat er toen in de wereld gebeurde zouden die kunstwerken nooit zijn gebouwd.

De Mechelse kunstenaar Rik Wouters schreef eeuwen later, in 1914 : *De kunst zet zich verder door invloeden.(…) De kunst van iemand, die je ontroert, opent een deur die jezelf onbewust had gesloten.* Het is een gedachte die aanspoort om het eigen talent niet op te sluiten, om zichzelf voor de wereld open te stellen. Het hele oeuvre van Wouters getuigt van pure levensdrift. Als tekenaar, schilder en beeldhouwer heeft hij, ondanks de moeilijke materiële omstandigheden waarin hij en zijn vrouw Nel leefden, een lofzang op het leven en de toekomst gebracht. Wouters heeft zich daarin gehaast, hij werkte bezeten van scheppingsdrang, alsof hij net als Mozart aanvoelde dat zijn leven kort zou zijn.

De stad Mechelen heeft in 1997 twee werken van Wouters aangekocht. Die aankoop is de aanzet geworden van een groter initiatief : een thematische expositie rond de menselijke figuur in Wouters' werk, georganiseerd in het Cultureel Centrum Antoon Spinoy, en de creatie van een toneelstuk over Wouters. Uit beide culturele evenementen blijkt hoe intens Rik Wouters de kunst, de liefde en de vriendschap heeft beleefd. Aan allen die dit project mogelijk hebben gemaakt en gerealiseerd, betuig ik, namens het stadsbestuur van Mechelen, mijn dank.

GEERT BERVOETS
Burgemeester

Un hymne à la vie

La ville a toujours été un endroit de liberté, un port d'attache de gens de différentes opinions qui se rencontrent, qui donnent un sens à leur existence. Une ville est une sorte de projet de communauté dynamique donnant corps à la prospérité et au bien-être dans un esprit de tolérance et de solidarité. La ville représente une forme raffinée de la vie. Le concept d'urbanisation est étroitement lié à la culture, comme indiquent des termes tels que city et civilisation. Sous le pouvoir des ducs de Bourgogne et ensuite des Habsbourgs, la ville de Malines a connu une période de grande prospérité. L'architecture de l'époque, de style gothique tardif, ensuite du style de la Renaissance, rend le paysage urbain toujours aussi prestigieux. Sans vision ouverte pour ce qui se passait alors dans le monde, ces chefs d'œuvre n'auraient jamais vu le jour.

L'artiste malinois, Rik Wouters écrivit des siècles plus tard, en 1914: *L'art se poursuit par des influences. (…) L'art de quelqu'un qui vous attendrit vous ouvre une porte que vous aviez fermée inconsciemment.* C'est une pensée qui stimule à ne pas enfermer son propre talent, mais à l'extérioriser au monde. L'œuvre complète de Rik Wouters témoigne d'une pure envie de vivre. En tant que dessinateur, peintre et sculpteur, il a apporté un hymne à la vie et à l'avenir, malgré les circonstances matérielles difficiles dans lesquelles sa femme et lui vivaient. Wouters n'a pas perdu de temps, il a travaillé dur, passionné de son élan créateur. Il semblait présentir comme Mozart que sa vie allait être courte.

En 1997, la ville de Malines acheta deux œuvres de Rik Wouters. Cet achat fut l'amorce d'une initiative de plus grande envergure: l'idée fut lancée d'une exposition sur le thème de la figure humaine dans l'œuvre de Wouters, organisée au Centre culturel Antoon Spinoy, ainsi que de la création d'une pièce de théâtre sur la personne de Wouters. Nous pouvons conclure de ces deux événements culturels que Rik Wouters a vécu l'art, l'amour et l'amitié de manière très intense. Au nom du Conseil municipal, je remercie de tout cœur tous ceux qui ont contribué à la réalisation de ce projet.

GEERT BERVOETS
Bourgmestre

Rik Wouters

STEFAAN HAUTEKEETE

Nooit eerder werd een tentoonstelling gewijd aan de menselijke figuur in het oeuvre van Rik Wouters (1882-1916). Nochtans hebben de schilderijen, tekeningen en beelden van deze vroeg gestorven Mechelse kunstenaar heel frequent de mens als onderwerp. Steeds gaat het om figuren uit zijn onmiddellijke omgeving: zijn vader Emile, zijn broer Karel, zijn eerste mentor Théo Blickx, zijn schildersvrienden Edgard Tytgat, Fernand Verhaegen, Anne-Pierre de Kat, Jehan Frison, Simon Lévy, de kinderen uit het dorp, zijn stadsgenoot en vriend-sculpteur Ernest Wijnants, de romancier Jules Elslander enz.[2]

Wouters stelt belang in heel veel mensen, maar heeft toch een voorkeur voor één model: zijn eigen vrouw Nel. Met haar frappante gezicht, het opvallende ponykapsel en de mysterieuze, oosters aandoende oogopslag is zij op menig schilderij, tekening of aquarel te herkennen. In sommige interieurstukken valt de verliefdheid van Rik en Nel niet te loochenen. Toch is de reële situatie van het echtpaar in strijd met een voorstelling van Nel als immer vrolijke muze, die Rik inspireert tot niets dan meesterwerken.

Tot 1910 moeten ze zwaar knokken om zich materieel overeind te houden. Rik wil zich laten gelden als zelfstandig kunstenaar hoewel hij nog onbekend is en dus bijna zonder perspectief om werken te ver-

C'est la première fois qu'une exposition est consacrée à l'être humain dans l'œuvre de Rik Wouters (1882-1916). Celui-ci est néanmoins au centre des tableaux, dessins et sculptures de cet artiste malinois trop tôt décédé. Il s'agit toujours de personnages issus de son environnement immédiat: son père Emile, son frère Karel, son premier mentor Théo Blickx, ses amis peintres Edgard Tytgat, Fernand Verhaegen, Anne-Pierre de Kat, Jehan Frison, Simon Lévy, les enfants du village, son concitoyen et ami, le sculpteur Ernest Wijnants, le romancier Jules Elslander, etc.[2]

Si Wouters s'intéresse à de nombreuses personnes, il affiche nettement sa préférence pour un modèle entre tous: sa propre femme Nel. Son visage très typé, sa frange de cheveux et son regard mystérieux, un peu oriental, la rendent aisément reconnaissable dans les tableaux, dessins ou aquarelles où elle figure. Dans certaines scènes d'intérieur, la passion entre Rik et Nel est palpable. Mais la situation réelle du couple ne correspond pas toujours à cette image de Nel en muse immuablement gaie, qui n'inspire à Rik que des chefs-d'œuvre.

Jusqu'en 1910, le couple doit se battre pour subvenir à ses besoins. Rik cherche à se faire reconnaître en qualité d'artiste indépendant, bien qu'il soit encore inconnu et que ses perspectives de vente soient pratiquement inexistantes. Il croit en lui et poursuit sa voie sans compromis,

This exhibition is the first ever dedicated to the human figure in the work of Rik Wouters (1882-1916). Nevertheless, this artist from Mechelen, who died young, frequently made human beings the focus of his paintings, drawings and sculptures. These figures are always drawn from his immediate surroundings: his father Emile, his brother Karel, his first mentor Théo Blickx, his painter-friends Edgar Tytgat, Fernand Verhaegen, Anne-Pierre de Kat, Jehan Frison, Simon Lévy, the village children, his fellow citizen and sculptor Ernest Wijnants, the novelist Jules Elslander, etc.[2]

Wouters was interested in many people, but kept coming back to one model in particular: his own wife. Her striking face, prominent ponytail and mysterious, oriental look make her easy to recognise in many a painting, drawing and watercolour. In some intimate pieces the love between Rik and Nel springs to the eye. But the real-life situation of the couple is not always in tune with the image of Nel as the ever-cheerful muse who inspires Rik to create nothing but masterpieces.

Until 1910, the couple had to struggle hard just to keep themselves afloat in material terms. Wouters wanted to settle as an autonomous artist, although he was as yet unknown and hence had virtually no prospects for selling his work. He believed in himself and continued to hammer away

kopen. Hij gelooft in zichzelf en timmert compromisloos verder aan zijn weg, ook al wil het schilderen niet altijd vlotten. Dat geeft aanleiding tot spanningen. Ook stuit Wouters' fanatieke overgave aan zijn kunst op onbegrip bij Nel. Zij is een zelfstandige, kordate vrouw die reeds op jonge leeftijd kiest voor een ongebonden levenswandel door te poseren voor jonge kunstenaars. Ze houdt van klassieke muziek, theater, kunst en reizen. Ondanks het nijpende geldgebrek maakt ze reeds op het einde van 1907 -zonder Rik- een trip naar Parijs en ook later keert ze er nog terug in het gezelschap van S. Lévy. Haar dubbele rol van geliefde echtgenote en veelvuldig model leidt soms tot echtelijke twisten. De oorzaak hiervan heeft Nel zèlf glashelder verwoord[3]:...*een intieme band verbindt de kunstenaar met zijn werk. Zijn vrouw wordt vergeten, ze treedt in de schaduw want ze begrijpt dat ze niet meer telt,* het is niet de vrouw die hij liefheeft maar het model dat hem toelaat zijn oeuvre te scheppen. *Reeds vroeger is ze jaloers geweest op die liefde van Rik voor zijn werk, zelfs in die mate dat het uitliep op geruzie.*[4] Nel beseft dat zij als steeds paraat model haar man toelaat veel te creëren. Hierbij staat ze in tweestrijd: wil hij zijn liefde voor haar bezingen of is ze slechts een geheel van lijnen, kleuren en lichtvlekken die worden omgezet in weer een nieuw schilderij?

De twee drijfveren zijn natuurlijk onlosmakelijk met elkaar verbonden: het is precies Wouters' liefkozende aandacht voor wat hem omringt die zijn lust om te scheppen op gang brengt en die de specifieke aard van zijn techniek dicteert, naast de onvermijdelijke determinanten van de historische context. In zijn werk houdt Wouters immers geen theoretisch of filosofisch betoog. Uit zijn briefwisseling komt hij

Afb 1   Rik Wouters, De knaap (1913)
Fig 1   *Rik Wouters, Le gamin (1913)*
Ill 1   Rik Wouters, The boy (1913)

même si sa peinture ne le satisfait pas toujours. Il a dû en résulter des tensions. Wouters se donne fanatiquement à son art et il arrive à Nel de se rebeller. C'est en effet une femme indépendante et résolue, qui avait décidé toute jeune de s'écarter des sentiers battus et posant pour les jeunes artistes. Elle aime la musique, le théâtre, les beaux-arts et les voyages. En dépit du manque criant d'argent, elle effectue dès la fin de l'année 1907 - sans Rik - un voyage à Paris et y retourne encore plus tard, en compagnie cette fois de Simon Lévy. Son double rôle d'épouse chérie et de modèle constant conduit parfois à des querelles conjugales. Nel elle-même a exprimé très clairement les raisons de cette situation[3]:... *une communion étroite lie l'artiste et son œuvre. Sa femme est oubliée, elle boude à l'écart car elle comprend bien qu'elle ne compte plus,* ce n'est pas la femme qu'il aime mais le modèle qui lui permet de créer son œuvre. *Déjà jadis, elle avait jalousé cet amour de Rik pour son travail, au point de lui chercher querelle.*[4] Nel est consciente du fait que comme modèle toujours disponible, elle permet à son mari de créer librement. Elle est donc placée devant un

without compromise, although he wasn't always satisfied with his own painting himself. That gave rise to tension. Wouters' fanatical devotion to his work also encountered a lack of understanding on the part of Nel. She was an independent, resolute woman who had chosen for a free lifestyle very early on, by posing for young artists. She loved classical music, theatre, art and travelling. Despite the acute lack of money, she took a trip to Paris by herself at the end of 1907, and later returned there with Simon Lévy. Her double role of beloved wife and constant model sometimes led to marital trouble. The reason for this was expressed by Nel herself in no uncertain terms[3]: ... *an intimate bond unites the artist and his work. His wife is forgotten, she treads in the shadow, for she understands that she no longer counts,* it is not the wife that he is in love with, but the model who allows him to create his work. *Earlier on already, she had been jealous of Rik's love for his work, to the extend that it ended up in arguments.*[4] Nel understood that as a readily available model, she enabled her husband to create a great deal. She was ambivalent about this: Did he want to sing out his love for her, or

10

naar voren als een impulsieve natuur, die wel met twijfels heeft af te rekenen, maar erin slaagt ze te domineren door een flinke dosis wilskracht en ironische humor. Hij heeft een onverzadigbare visuele interesse en bewondert de dingen mateloos in hun zintuiglijke verleidelijkheid. Vooral motieven vol leven zoals de mens fascineren hem en in het creatief proces krijgen ze het elan mee van zijn onstuimig temperament. Vandaar exalteert hij de picturale middelen in hun uitdrukkingskracht. De kleur komt voor in schaterende contrasten en ademt een zinnelijk welbehagen. De lijn ontplooit zich in machtige curves en diagonalen, die een dynamische compositie tot stand brengen. Het licht overstijgt de optische dimensie: alomtegenwoordig en stralend van aard wordt het een vehikel van levenslust. Aan de hand van die bruisende techniek fixeert Wouters vluchtige houdingen en voorbijgaande aspecten van de werkelijkheid. Dat haastig noteren gaat gepaard met een hoge graad van sublimering waardoor hij erin slaagt elke vorm van anekdotiek te vermijden. Hierdoor tilt hij de interieurstukken opgebouwd rond Nel, op een universeel plan. Hij vertolkt hierin niet enkel zijn liefde voor Nel maar ook voor De Vrouw geïncorporeerd binnen een ideaal van huiselijke geborgenheid. Met een ongelooflijke flair weet Wouters al hetgeen onder zijn blik valt, in zijn zonnig universum binnen te halen. Toch is Wouters' kunst niet zoals Vanbeselaere ooit schreef *één vreugdevolle opgang, één gretige inbezitname, één probleemloos gejubel.*[5] Sommige schilderijen, beelden en tekeningen zijn ernstiger en serener van toon. Ze maken duidelijk dat Wouters' lyrische inborst naast dionysische felheid ook broze gevoeligheid impliceert. In die werken verdooft de kleur, de vlucht van de lijn verstilt en

dilemme: veut-il glorifier l'amour qu'il porte pour elle ou n'est-elle qu'un ensemble de traits, de couleurs et de taches lumineuses qui sont chaque fois convertis en une nouvelle peinture ?

Ces deux motivations sont évidemment inextricablement liées: en dehors des déterminantes inévitables du contexte historique, c'est précisément l'attention pleine de tendresse de Rik pour ce qui l'entoure qui suscite son envie créatrice et dicte la forme spécifique de son art. En effet, son œuvre ne défend aucune théorie, aucune thèse philosophique. Dans sa correspondance, Rik apparaît comme une nature impulsive, qui est effectivement en proie à des doutes, mais parvient à les dominer grâce à une forte dose de volonté et d'humour ironique. Avec son insatiable intérêt visuel, il admire démesurément les choses dans leur charme sensoriel. La vie, et surtout l'être humain le fascinent, et en créant, il donne à ses sujets tout l'élan de sa nature fougueuse. C'est pourquoi il exalte la force d'expression de la peinture ellemême. La couleur éclate de vie en contrastes animés, et respire un bien-être sensuel. Les lignes se déploient en courbes puissantes et en diagonales qui dynamisent la composition. La lumière dépasse sa dimension optique: omniprésente, rayonnante, elle exprime la joie de vivre. Cette technique effervescente permet à Wouters de fixer les attitudes humaines les plus fugitives, et les aspects éphémères de la réalité. Cette notation rapide va de pair avec un haut degré de sublimation, grâce auquel il transcende toute forme d'anecdote. De ce fait, les tableaux d'intérieur construits autour de sa femme prennent une dimension universelle. Ils n'expriment pas seulement son amour de Nel, mais celui de la Femme comme centre d'un idéal de

was she just a symphony of lines, colours and flecks of light, ever to be converted into a new painting?

Of course, both tendencies are inseparable: it was precisely Wouters' loving attention for everything around him that stimulated his creativity and dictated the specific nature of his technique, along with the unavoidable historical determinants. Wouters never presented a theoretical or philosophical argument. In his correspondence, he emerged as an impulsive nature, who had to deal with doubt but managed to dominate it with a strong dose of willpower and ironical humour. His visual interest was insatiable and his admiration for the tactile seductiveness of all things knew no bounds. Life, people, fascinated him and his creative process endowed them with his own impetuous character. He thus exalted the expressive power of his media. Colours are displayed in resounding contrasts, exuding a sensuous wellbeing. Lines unfold into powerful curves and diagonals, and merge into a dynamic composition. Light transcends the optical dimension: omnipresent and radiant, it becomes a vehicle for 'joie de vivre'. This sparkling technique allows Wouters to capture fleeting moods and passing aspects of reality. Such quick notations involves a high degree of sublimation, transcending all forms of anecdote. The intimate pieces built up around Nel acquire a universal dimension. They express not only his love for Nel, but also for Woman as part of an ideal of domestic security. With unbelievable flair, Wouters is able to fit everything he sees into his sunny universe. And yet Wouters' art is not, as Vanbeselaere once wrote, *a joyous sunrise, an eager appropriation, an uncomplicated jubilation.*[5] Some paintings, sculptures and drawings are

bouwt een meer statische figuur. In *De knaap* (1913) [afb. 1] suggereert de neerhangende houding van de armen een zekere gelatenheid. De jongen is helemaal in zichzelf gekeerd en heeft een afwezige blik. Soms is de drijfveer voor Wouters' ingetogen visie expliciet gekend, zoals in het geval van *Stans of Mater Dolorosa* (1913), de huishoudster van de Woutersen, die treurt om de plotse dood van haar dochter. Ook in zijn zelfportretten komt Wouters' dromerige, beschouwende zijde vaak aan de oppervlakte. In zijn *Borstbeeld* [cat. nr. 44] uit 1911 legt het 'serieux' waarmee hij zichzelf afbeeldt een neiging tot introspectie bloot. In *Rik met blauwe blouse* (1914)[cat. nr. 1] maakt de zelfverzekerde blik van *Rik met de sigaar* (1913) [cat. nr. 48] plaats voor een bedroefde ondervraging. Zelfs zijn vrouw oogt soms somber zoals in *De zieke vrouw met de witte sjaal* (1915) [cat. nr. 46].

Dat brede scala aan gevoelens weerklinkt in Wouters' oeuvre nergens duidelijker dan in zijn figuurstukken en wettigt de hier voorgestelde thematische benadering. Die rijke innerlijke wereld van de kunstenaar voor de toeschouwer ontsluiten, vormt het opzet van deze tentoonstelling.

Voetnoten zie pag. 145

sérénité domestique. Avec une incroyable intuition, Wouters inclut tout ce qui accroche son regard dans son univers ensoleillé. L'art de Wouters n'est toutefois pas, comme l'a écrit Vanbeselaere, *une ascension joyeuse, une prise de possession gourmande, une jubilation insouciante.*[5] Certaines peintures, statues, ainsi que certains dessins ont un ton plus grave et plus serein. Ils prouvent que le naturel lyrique de Wouters implique également, outre une violence dionysiaque, une sensibilité fragile. Dans ces œuvres, la couleur s'assourdit, l'élan du trait se calme et amène à une figure plus statique. Dans *Le gamin* (1913) [fig. 1], les bras ballants suggèrent une certaine résignation. Le garçon est complètement introverti et affiche un regard absent. Parfois, on connaît la raison de ce regard intérieur, comme dans le cas de *Stans ou Mater Dolorosa* (1913), un portrait de la femme de ménage des Wouters endeuillée par le décès soudain de sa fille. Dans ses autoportraits aussi, on remarque souvent le côté songeur et méditatif de Wouters. Dans son *Buste* [cat. n° 44] de 1911, le sérieux avec lequel il se dépeint lui-même témoigne d'une tendance à l'introspection. Dans *Rik à la blouse bleue* (1914)[cat. n° 1], le regard assuré de *Rik au cigare* (1913) [cat. n° 48] cède la place à une interrogation triste. Même son épouse a parfois l'air sombre, comme dans *La malade au châle blanc* (1915) [cat. n° 46].

Ce large éventail des sentiments de Wouters, qui ne se retrouve nulle part aussi bien que dans ses personnages, justifie le choix thématique proposé ici. L'objectif de cette exposition est d'ouvrir au spectateur toute la richesse du monde intérieur de l'artiste.

Notes voir p. 145

more serious and serene in tone. They make it clear that besides Dionysian intensity, Wouters' lyrical nature also implies delicate sensitivity. In these works, colour is muted, lines tone down their energy and build a more static figure. In *The boy* (1913) [ill. 1], the dangling arms suggest a certain resignation. The boy has withdrawn into himself and has a far-away look. Sometimes, the motivating factor behind Wouters' inward-looking reflectiveness is definitely known, as in the case of *Stans or Mater Dolorosa* (1913), showing Wouters' housekeeper mourning the sudden death of her daughter. In his self-portraits too, Wouters' dreamy, contemplative side often comes to the surface. In his *Torso* [cat. no 44] from 1911, he reveals the serious side of himself, with a tendency to introspection. In *Rik with blue blouse* (1914)[cat. no 1], the self-confident look of *Rik with cigar* (1913)[cat. no 48] gives way to one of painful self-questioning. Even his wife looks sombre sometimes, as in *The ailing woman with white shawl* (1915)[cat. no 46].

Nowhere is the wide range of feelings in Wouters' work echoed more clearly than in his figures, which justifies the thematic approach of this exhibition. Its purpose is to unlock the rich inner world of the artist for the spectator.

Notes see p. 145

Rik Wouters

BEKNOPTE BIOGRAFIE • BIOGRAPHIE SOMMAIRE • CONCISE BIOGRAPHY

BEDET SIMON

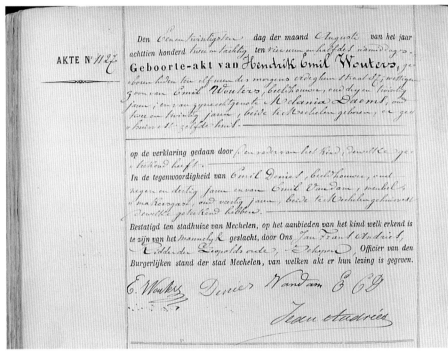

Geboorteakte, 1882 / *Acte de naissance, 1882* / Birth-certificate, 1882

1882
Geboren te Mechelen op 21 augustus

1899
Leert houtsculptuur in atelier van zijn vader
Avondacademie Mechelen tot 1901
Bezoekt met Ernest Wijnants het atelier van
Théo Blickx
Lid van de kunstenaarskring De Distel
Mechelen

1901
Leerling aan de academie van Brussel

1902
Werkt tegenover de academie boven het café
La Rose du Midi met o.a. Tytgat, Thumilaire
en Schirren.
Ontmoeting met Nel (Hélène Duerinckx) bij
Ferdinand Schirren

1882
Né à Malines le 21 août

1899
Apprend la sculpture sur bois dans l'atelier de
son père
Académie du soir de Malines jusqu'en 1901
Visite avec Ernest Wijnants de l'atelier de
Théo Blickx
Membre du cercle d'artistes De Distel
(Le Chardon) à Malines

1901
Elève à l'académie de Bruxelles

1902
Travaille en face de l'académie au dessus du
café La Rose du Midi avec entre autres
Tytgat, Thumilaire et Schirren.
Rencontre avec Nel (Hélène Duerinckx) chez

1882
Born in Mechelen on 21 August

1899
Learns wood sculpting in his father's
workshop
Evening academy in Mechelen until 1901
Visited Théo Blickx' workshop with E. Wijnants
Member of the The Thistle, an art
association in Mechelen

1901
Student at the academy of Brussels

1902
Works opposite the academy above café
La Rose du Midi with Tytgat, Thumilaire and
Schirren, and many others
Met Nel (Hélène Duerinckx) at Ferdinand
Schirren
Rik is called up for his military service but is
able to continue his studies (until 1904)

1905
Moves to Watermaal
Nel and Rik get married
Financial troubles, they go to live with Rik's
father
Henry reacquaints himself with his old friends

1906-07
They return to Brussels due to difficulties
with Rik's father
Workshop in St.-Joost-ten-Node
Henry works for the Vermeiren-Coché house

1907
Moves to Bosvoorde, Dennebosstraat
Exhibits at the Salon of Independents
Participates in the Three-Yearly Salon of
Brussels
Wins joint second prize with Marcel Wolfers
in the Godecharle competition
Receives a BEF 500 state subsidy

Legerdienst maar kan studie verder zetten
(tot 1904)

1905
Verhuis Watermaal
Huwelijk met Nel
Financiële moeilijkheden, gaan bij vader
Wouters wonen
Henry vindt zijn vrienden van vroegere jaren
terug

1906-07
Terug te Brussel wegens moeilijkheden met
vader Wouters
Atelier in St.-Joost-ten-Node
Henry werkt voor het huis Vermeiren-Coché

1907
Verhuis naar Bosvoorde, Dennebosstraat
Stelt tentoon bij de Onafhankelijken
Neemt deel aan het driejaarlijks salon te Brussel
Samen met Marcel Wolfers behaalt hij de

Rik, Nel en de heer en mevrouw Wentsel op de dag van Riks bevrijding
Rik, Nel et monsieur et madame Wentsel le jour de la libération de Rik
Rik, Nel and Mr. and Mrs. Wentsel on the day of Riks' liberation

Rik en Nel in de tuin van hun huis te Bosvoorde (1907)
Rik et Nel dans le jardin de leur maison à Boitsfort (1907)
Rik and Nel in the garden of their home at Bosvoorde
(1907)

Ferdinand Schirren
Service militaire, avec toutefois la possibilité
de poursuivre ses études (jusqu'en 1904)

1905
Déménagement vers Watermael
Mariage avec Nel
Difficultés financières, s'en vont vivre chez le
père Wouters
Henry retrouve ses amis des années antérieures

1906-07
Retour à Bruxelles en raison de difficultés avec
le père Wouters
Atelier à Saint-Josse-ten-Noode
Henry travaille pour la maison Vermeiren-
Coché

1907
Déménage vers Boitsfort, rue de la Sapinière
Expose chez les Indépendants
Participe au salon triennal de Bruxelles
Décroche, conjointement avec Marcel
Wolfers, le deuxième prix du concours
Godecharle

1908
The house becomes a meeting place
Influence of Ensor
First etchings

1909
Participation in Contemporary Art Antwerp
Participation in a competition in Rome
Participation in an exhibition at Le Sillon
Meeting with Simon Lévy

1910
Starts on *Foolish virgin* or *The foolish frenzy*
inspired by dancer Isadora Duncan
Sends sculptures to the Brussels World Fair,
subsequently wins a bronze medal and receives
a state subsidy

1911
Exhibition at the salon of La Libre
Esthétique, Le Sillon, Indépendants
A meeting with Georges Giroux through Jules
Elslander improves his financial situation
Beginning of most prolific period of painting

Rik en Nel (1915)
Rik et Nel (1915)
Rik and Nel (1915)

Het appartement van Rik en Nel, Derde Kostverlorenkade 37, Amsterdam (1915-16)
L'appartement de Rik et Nel, Derde Kostverlorenkade 37, Amsterdam (1915-16)
The apartment of Rik and Nel, Derde Kostverlorenkade 37, Amsterdam (1915-16)

tweede prijs van de Godecharlewedstrijd
staatstoelage van BEF 500

1908
Het huis wordt een ontmoetingsplaats
Invloed Ensor
Eerste etsen

1909
Deelname aan Kunst van Heden Antwerpen
Deelname prijs van Rome
Deelname tentoonstelling Le Sillon
Ontmoeting met Simon Lévy

1910
Start *Dwaze maagd* of *Het zotte geweld* geïnspireerd op de danseres Isadora Duncan
Stuurt beelden naar de wereldtentoonstelling
van Brussel, wint een bronzen medaille en
krijgt een staatstoelage

1911
Expo op het salon van La Libre Esthétique, Le
Sillon, Indépendants
Ontmoeting met Georges Giroux dankzij
Jules Elslander maakt zijn financiële situatie
beter
Begin grootste schilderperiode

1912
Jaar van overvloedige productie, beelden en
schilderijen
Contract met Georges Giroux
Eerste tentoonstelling van *Het zotte geweld*
Reis naar Parijs; ontdekking van Rodin,

Perçoit une dotation publique de BEF 500

1908
La maison devient un lieu de rencontre
Influence d'Ensor
Premières gravures à l'eau-forte

1909
Participation à Kunst van Heden
(Art contemporain) d'Anvers
Participation au prix de Rome
Participation à l'exposition Le Sillon
Rencontre avec Simon Lévy

1910
Naissance de *La vierge folle*, inspiré par la
danseuse Isadora Duncan
Il présente des sculptures à l'exposition mondiale de Bruxelles; il y décroche une médaille
de bronze et reçoit une dotation publique

1911
Exposition aux salons La Libre Esthétique, Le
Sillon, Indépendants
La rencontre avec Georges Giroux, grâce à
Jules Elslander, améliore sa situation financière
Début de la magistrale période de peinture

1912
Année de production débridée; sculptures et
peintures
Contrat avec Georges Giroux
Première exposition de *La vierge folle*
Voyage à Paris; découverte de Rodin, Cézan-
ne, Renoir et des Impressionnistes

1912
Most prolific year, sculptures and paintings.
Contract with Georges Giroux
First exhibition of *The foolish frenzy*
Travels to Paris; discovers Rodin, *Cézanne,*
Renoir and the Impressionists
Travels to Cologne and Düsseldorf

1913
Ensor, Rik's shining example, poses for a bust
He starts work on a large sculpture called
Domestic cares
He becomes the Picard prize laureate
Wolfers lends money to Rik for the construc-
tion of a house on the Citadel square in
Bosvoorde (currently the Rik Wouters square)
in exchange for the bust of Ensorcast in the
Wolfers workshop
First symptoms of his illness, he regularly
complains about headaches that keep him
from working
He makes more water colours

1914
First individual exhibition in the Galerie
Giroux with 16 sculptures, 45 paintings,
76 pastels, water colours and drawings, the
6 sets for Tom Thumb and 7 etchings
He is mobilized in August
Nel stays with Willem Paerels
Rik ends up in the Netherlands after the fall
of Antwerp

1915
Prisoner of War camps in Amersfoort and
Zeist in the Netherlands
His health is failing
He is sent to a hospital in Utrecht where the
first operation is performed
He is given more freedom through the help of
his friends and goes to live with Nel in the
Derde Kostverlorenkade 37 in Amsterdam
Exhibition in the Print Gallery
Rik continues working but his health is failing
rapidly
Cancer is progressing

1916
February: exhibition at the Municipal
Museum in Amsterdam

Cézanne, Renoir en de Impressionisten
Reis naar Keulen en Düsseldorf

1913

Ensor, het grote voorbeeld van Rik, komt poseren voor zijn borstbeeld
Het grote beeld *Huiselijke zorgen* wordt gestart
Hij wordt laureaat van de Picardprijs
Wolfers leent hem geld in ruil voor de buste van Ensor gegoten in de ateliers Wolfers voor de bouw van zijn huis aan het Citadelplein te Bosvoorde (nu Rik Woutersplein)
Eerste symptomen van zijn ziekte, klaagt regelmatig over hoofdpijnen die hem het werken belemmeren. Maakt veel aquarellen

1914

Eerste individuele tentoonstelling in Galerie Giroux met 16 beeldhouwwerken, 45 schilderijen, 76 pastels, aquarellen en tekeningen, de 6 decors voor Klein Duimpje en 7 etsen
Augustus: mobilisatie
Nel logeert bij Willem Paerels
Rik komt met de val van Antwerpen in Nederland terecht

1915

Interneringskampen. Amersfoort en Zeist in Nederland
Gezondheid gaat achteruit
Ziekenhuis Utrecht en eerste operatie
Krijgt meer en meer vrijheid dankzij vrienden en gaat met Nel wonen op de Derde Kostverlorenkade 37 te Amsterdam.
Tentoonstelling in het Rijksprentenkabinet
Rik werkt voort maar de gezondheid verslechtert
Kanker woekert

1916

Februari: tentoonstelling in het Stedelijk Museum te Amsterdam
Tegen hun statuten en principes in kopen ze twee beeldhouwwerken
In april is Rik weer in het hospitaal
Een laatste heelkundige ingreep op 6 april stopt alle activiteiten
Overlijdt op 11 juli
Op 15 juli wordt Rik Wouters militair

Voyage à Cologne et à Düsseldorf

1913

Ensor, le grand exemple pour Rik, vient poser pour son buste
Naissance de la gigantesque statue *Soucis domestiques*
Il est lauréat du prix Picard
Wolfers lui prête de l'argent en échange du buste d'Ensor coulé dans les ateliers de Wolfers pour la construction de sa maison à la place de la Citadelle à Boitsfort (désormais rebaptisée place Rik Wouters)
Premiers symptômes de sa maladie; il se plaint régulièrement de maux de tête qui entravent la bonne marche de son travail
Réalise de nombreuses aquarelles

1914

Première exposition individuelle dans la Galerie Giroux avec 16 sculptures, 45 peintures, 76 pastels, aquarelles et dessins, les 6 décors qu'il a réalisés pour Le Petit Poucet et 7 gravures à l'eau-forte
Mobilisation d'août
Nel loge chez Willem Paerels
Rik se retrouve aux Pays-Bas à la suite de la chute d'Anvers

1915

Camps d'internement. Amersfoort et Zeist aux Pays-Bas
Détérioration de sa santé
Hôpital d'Utrecht et première opération
Reçoit de plus en plus de liberté grâce à ses amis et va vivre avec Nel au Derde Kostverlorenkade 37 à Amsterdam.
Exposition organisée dans le Cabinet d'Estampes royal
Rik continue à travailler, mais sa santé se dégrade
Le cancer prolifère

1916

Février: exposition au Musée Municipal d'Amsterdam
En dépit de ses statuts et de ses principes, ce Musée achète deux sculptures
Rik est de nouveau hospitalisé en avril
Une dernière intervention chirurgicale

Contrarely to their articles of association and principles they purchase two sculptures
In April Rik is in hospital again
Following a last operation on 6 April he is forced to stop all activities
Rik dies on the 11th July
Rik Wouters is given a military burial on 15 July in Amsterdam at the Buiteveldert cemetery
His body is reburied in Belgium on 5 February 1924 in the small cemetery of Bosvoorde, just a few yards from his old house

Claessens, Wijnants en Wouters
Claessens, Wijnants et Wouters
Claessens, Wijnants and Wouters

Palmares van de Stedelijke Academie voor Beeldende Kunsten, Mechelen
Palmarès de l'Academie des Beaux-Arts, Malines
Palmares of the Fine Arts Academy, Mechelen

begraven te Amsterdam op het kerkhof
Buiteveldert
Pas op 5 februari 1924 wordt zijn stoffelijk over-
schot overgebracht naar België om op het kleine
kerkhof van Bosvoorde, slechts enkele meters
van zijn laatste thuis, begraven te worden

effectuée le 6 avril met un terme à toutes ses
activités
Meurt le 11 juillet
Le 15 juillet, Rik Wouters reçoit un enterre-
ment militaire à Amsterdam au cimetière
Buiteveldert

Ce n'est que le 5 février 1924 que sa dépouille
mortelle est rapatriée en Belgique pour y être
inhumée dans le petit cimetière de Boitsfort, à
quelques mètres seulement de son dernier
foyer.

Rik Wouters [1882-1916]

HEIDI DE NIJN

3.   Lucienne Lamberty, kinderkopje lang haar (1910 - 1911)
Lucienne Lamberty, portrait d'enfant aux cheveux longs (1910 - 1911)
Lucienne Lamberty, child's head long hair (1910 - 1911)

Opleiding en eerste Brusselse jaren

Henri (pas later wordt het voor de buitenwereld echt Rik) is de oudste zoon van de Mechelse meubeldecorateur Emile Wouters. De jongen blijkt geen gemakkelijk kind te zijn: naar eigen zeggen is hij op school zo'n lastige leerling dat hij er op zijn twaalfde niet langer meer gewenst wordt. De wat moeilijke zoon kan gaan werken op het atelier van zijn

Formation et premières années bruxelloises

Henri (ce n'est que plus tard qu'il sera connu du grand public sous le nom de Rik) est le fils aîné du décorateur de meuble malinois Emile Wouters. Il s'avère ne pas être un enfant facile: selon ses propres termes, il est à l'école un élève tellement difficile qu'à l'âge de douze ans, il y est persona non grata. Ce fils quelque peu turbulent peut aller travailler dans l'atelier de son père. Outre Henri et ses deux frères, d'autres jeunes viennent y apprendre le métier. Parmi ces derniers figurent notamment les trois frères Wijnants, dont Ernest deviendra l'un des sculpteurs malinois les plus importants de ce siècle. Henri n'est guère enchanté de voir se compromettre son avenir dans l'atelier de son père. A quinze ans, il cesse d'y travailler. Encore entièrement dépendant de son foyer, il souhaite embrasser une carrière d'artiste libre, si bien qu'il débute son apprentissage à l'Académie Municipale de Malines en suivant le cours du soir 'dessin de sculptures antiques' durant l'année scolaire 1897-1898. Cette liberté du fils aux frais du père n'emporte absolument pas l'adhésion d'Emile Wouters. Ce dernier consent toutefois à ce qu'Henri s'en aille travailler dans l'atelier que l'académie met à la disposition de Théo Blickx à la Porte de Bruxelles probablement afin d'y accueillir les élèves surnuméraires. L'incertitude plane encore de nos jours sur ce que le jeune Wouters y apprend de la bouche de Blickx, de sept ans son aîné: selon toute vraisemblance, il y apprend le dessin et la sculpture d'après le modèle vivant. Cette contribution à la formation artistique de Rik est probablement sous-estimée, en raison du fait que - comme l'affirme notamment le conservateur ostendais Van den Bussche - Nel, la femme de Rik qui n'appréciait guère Blickx, a ultérieurement minimalisé cette contribution.

La véritable formation artistique d'Henri débute au cours de l'année scolaire 1898-1899, avec les deux premières années passées à l'académie de Malines et les quatre années suivantes à Bruxelles. Durant cette formation, un

vader. Naast Henri en zijn twee broers komen er ook andere jongeren het vak leren. Ondermeer de drie gebroers Wijnants waarvan Ernest zal uitgroeien tot één van de belangrijkste Mechelse beeldhouwers van deze eeuw. Een toekomst in vaders atelier zint Henri echter weinig. Op zijn vijftiende houdt hij er mee op. Nog geheel afhankelijk van thuis wil hij in het vrije kunstenaarsleven stappen, dat hij begint te proeven in de Stedelijke Academie van Mechelen, als leerling in de avondcursus 'tekenen naar antieke beelden', schooljaar 1897-1898. Deze vrijheid van de zoon op kosten van de vader draagt alles behalve de goedkeuring weg van Emile Wouters. Toch laat deze toe dat Henri gaat werken in het atelier dat Théo Blickx van de academie ter beschikking krijgt in de Brusselpoort, waarschijnlijk om een overtal aan leerlingen op te vangen. Het is niet geheel duidelijk wat de jonge Wouters daar van de zeven jaar oudere Blickx leert: naar alle waarschijnlijkheid tekenen en beeldhouwen naar levend model. Deze bijdrage aan de artistieke vorming van Rik is wellicht onderschat, ondermeer, zoals de Oostendse conservator Van den Bussche beweert, omdat Riks vrouw Nel, die weinig ophad met Blickx, dat later minimaliseert.

Met het schooljaar 1898-1899 begint de echte kunstenaarsopleiding van Henri, eerst twee jaar in de academie van Mechelen, nadien vier jaar in Brussel. In deze opleiding tekent zich geleidelijk een paradox af, die wortelt in de ongebondenheid die Henri als kunstenaar voor zich opeist. Hij kiest voor een opleiding beeldhouwen en voelt zich tegelijk aangetrokken tot de schilderkunst. Hij leert beeldhouwen en tekenen, naar gipsfragmenten en levend model, maar schilderen wil hij alleen uit zichzelf. De vrijheid die hij boetserend kan ontwikkelen - weg van de decoratieve motieven van vaders houtsnijbedrijf - acht hij blijkbaar niet bedreigd door het schoolse kader van de academieopleiding. Een opleiding schilderen daarentegen staat voor hem gelijk met regelgetrouw academisme. Daarvan had hij zich juist willen bevrijden, door het atelier van zijn vader te verlaten. Toch mag deze laatste - als een onbewust gespannen vangnet? - aanwezig blijven: Henri volgt 's zondags nog twee jaar de cursus meubeltekenen.

De overstap naar de Academie voor Schone Kunsten van *Brussel* betekent meteen de onderdompeling in het progressieve kunstenaarsmilieu van de Belgische hoofdstad, dat in het begin van deze eeuw de Parijse kunstevoluties

paradoxe se dessine progressivement, qui plonge ses racines dans l'indépendance qu'Henri revendique pour lui-même en sa qualité d'artiste. Il opte pour une formation en sculpture et se sent en même temps attiré par la peinture. Il apprend la sculpture et le dessin d'après des fragments de plâtre et le modèle vivant, alors qu'il est désireux d'apprendre la peinture en autodidacte. La liberté qu'il peut développer en façonnant - loin des motifs décoratifs de l'entreprise de gravure sur bois de son père - n'est d'après-lui probablement pas menacée par le cadre scolaire de la formation académique. En revanche, une formation en peinture s'assimile dans son esprit à l'académisme fidèle aux règles. Il a précisément voulu se libérer de ce carcan en quittant l'atelier de son père. A l'instar d'un hypothétique filet de sécurité inconsciemment tendu, ce dernier peut toutefois demeurer présent: Henri suit en effet pendant deux ans encore le cours de dessin de meuble donné le dimanche.

Le passage à l'Académie des Beaux-Arts de Bruxelles signifie immédiatement l'immersion dans le milieu artistique progressif de la capitale belge, qui, au début de ce siècle, suit attentivement les évolutions artistiques parisiennes. La vie d'étudiant de l'académie a ainsi ces accents de 'bohème': une vie passée dans des espaces confinés et misérables, dans lesquels souvent des collègues sans le sous sont également reçus. On y discute et on y puise mutuellement de l'inspiration, on y crée des rivalités complexes et on s'y fait de véritables amis. Wouters s'inscrit le 4 janvier 1901. Auparavant, il avait déjà travaillé quelques mois à Bruxelles dans l'atelier d'Albert Aerts. Son professeur de sculpture s'appelle désormais Charles van der Stappen et il le demeurera durant quatre ans. Au cours des premières années, Henri suit les cours de sculpture d'après la nature, de sculpture d'après le modèle vivant, ainsi que le cours de composition décorative. Ses résultats sont dès la fin de la première année particulièrement bons; dans diverses disciplines, il est fréquemment le premier de classe. A compter de l'année académique 1901-1902, ses concitoyens Ernest Wijnants et Jules Bernaerts viennent le rejoindre à l'école des arts bruxelloise.

En face de l'académie se dresse le café *La Rose du Midi*. Le sculpteur Léon Thumilaire dispose d'une chambre à l'étage de cette bâtisse, où il reçoit des collègues tels qu'Anne-Pierre de Kat, Edgard Tytgat, Jean Brusselmans, ainsi

nauwlettend volgt. Het leven van de academiestudent heeft zo zijn 'bohemien'-tinten: wonen in benepen armoedige ruimten, waarin vaak even onbemiddelde collega's worden ontvangen. Men discussieert en inspireert elkaar, men schept complexe rivaliteiten en maakt echte vrienden. Wouters schrijft zich in op 4 januari 1901. Voordien had hij al enkele maanden te Brussel gewerkt in het atelier van Albert Aerts. Nu wordt Charles van der Stappen zijn leraar beeldhouwen en zal dat vier jaar lang blijven. Henri volgt cursussen beeldhouwen naar de natuur, beeldhouwen naar levend model, de eerste jaren ook de cursus decoratieve compositie. Zijn resultaten zijn vanaf het eerste jaar opvallend goed; in diverse vakken is hij vaak de eerste van zijn klas. Vanaf het academiejaar 1901-1902 komen zijn stadsgenoten Ernest Wijnants en Jules Bernaerts hem in de Brusselse kunstschool vervoegen.

Tegenover de academie staat het café *La Rose du Midi*. Op de bovenverdieping van het huis heeft de beeldhouwer Léon Thumilaire zijn kamer, waar hij collega's als Anne-Pierre de Kat, Edgard Tytgat, Jean Brusselmans en ook Henri Wouters ontvangt. Al deze namen blijven als die van goede vrienden nog lang in Wouters' brieven opduiken. In deze kring van *La Rose du Midi* ontmoet Henri tijdens zijn laatste jaar aan de academie ook Hélène Duerinckx, die vaak poseerde voor kunstenaars. Vrij vlug gaan ze samenwonen in Wouters' atelier, een oud huis in de Troonstraat. Hélène wordt Nel, voortaan Henri's hartstochtelijk beminde eeuwige muze.

In 1901 presenteert Wouters zich voor het eerst aan het publiek: hij neemt met drie tekeningen deel aan de groepstentoonstelling van de St.-Lucasgilde te Mechelen (20/6-21/7). Uit deze opleidingsperiode zijn enkele werken bewaard gebleven: een houten buste van Wouters' latere schoonzus A.-M. De Prins, een zelfportret, een portret van Théo Blickx - die hij 'zijn vereerde meester' noemt - in houtskool, en vier schilderijen. Het betreft twee portretten en een stalinterieur, drie werken die hij in Mechelen maakte en een portret in profiel van Nel uit de periode in Brussel.

Na het beëindigen van de studies aan de academie nemen Henri en Nel in de herfst van 1904 hun intrek in *Watermaal*. Het is een tijd van grote armoede, die Henri wat tracht te verzachten door bijgeschilderde miniatuurportretten te vervaardigen voor een fotograaf. Steun van

qu'Henri Wouters. L'histoire a conservé tous ces noms comme autant de personnes émergeant pendant longtemps encore dans les lettres de Wouters. Au cours de sa dernière année à l'académie, Henri rencontre également, dans ce cercle de *La Rose du Midi,* Hélène Duerinckx, laquelle a fréquemment posé pour les artistes. Assez rapidement, ils vont vivre ensemble dans l'atelier de Wouters, une ancienne demeure de la rue du Trône. Hélène devient Nel et est désormais la muse éternelle et follement aimée d'Henri.

En 1901, Wouters se présente pour la première fois au public: il participe, avec trois dessins, à une exposition de groupe de la St.-Lucasgilde à Malines (20/6-21/7). Seuls quelques travaux de cette période de formation ont été conservés: un buste en bois de la future belle-sœur de Wouters, A.-M. De Prins, un autoportrait, un portrait au fusain de Théo Blickx - qu'il appelle 'son maître vénéré' - et quatre peintures. Il s'agit de deux portraits et d'un intérieur d'étable, trois œuvres qu'il a composées à Malines et un portrait de profil de Nel datant de la période à Bruxelles.

A l'automne de 1904, à l'issue de ses études à l'académie, Henri s'installe à *Watermael* avec Nel. Il s'agit d'une période de grande pauvreté, qu'Henri tente quelque peu d'adoucir en réalisant des portraits miniatures retouchés pour un photographe. Il ne reçoit aucune aide de la part de son père. Les jeunes amants se sentent toutefois très heureux ensemble. Ils se marient à Watermael le 15 avril 1905; les témoins de cette union sont Léon Thumilaire, Pierre Paulus, Charles Auvray et Ernest Wijnants. C'est principalement avec ce dernier et son épouse, Marie Joris, que Nel et Henri deviennent des amis proches. Deux semaines après le mariage, le manque d'argent est toutefois déjà intenable. Le couple doit aller vivre chez le père Wouters et les deux autres fils (la mère étant entre-temps décédée prématurément) à *Malines* dans la Peperstraat (qui est de nos jours la Kan. De Deckerstraat). L'atelier de Watermael est repris par Anne-Pierre de Kat et, plus tard, par Edgard Tytgat. Les affaires d'Emile Wouters vont mal, ce qui provoque des frictions supplémentaires. Dès le milieu du mois de juillet, Nel et Henri décident de retourner vivre à Bruxelles; ils sont plus que jamais désireux de recouvrer leur liberté et s'installent à *Saint-Josse-Ten-Noode.*

A la fin de cette période d'apprentissage, Henri commence à sculpter et à peindre de manière autonome. Il espè-

vader krijgt hij niet. Maar de jonge geliefden voelen zich erg gelukkig met elkaar. Ze huwen in Watermaal op 15 april 1905; getuigen zijn Léon Thumilaire, Pierre Paulus, Charles Auvray en Ernest Wijnants. Vooral met deze laatste en diens vrouw, Marie Joris, worden Nel en Henri hartelijk bevriend. Twee weken na het huwelijk is de geldnood echter al onhoudbaar. Het paar moet intrekken bij vader Wouters en de twee andere zonen (moeder was vroeg gestorven) in *Mechelen* in de Peperstraat (nu Kan. De Deckerstraat). Het atelier in Watermaal wordt overgenomen door A.-P. de Kat en later door Edgard Tytgat. De zaken van Emile Wouters gaan slecht, wat voor bijkomende wrijvingen zorgt. Al midden juli besluiten Nel en Henri naar Brussel terug te keren; ze willen hoe dan ook hun vrijheid terug en vestigen zich in *Sint-Joost-ten-Node*.

Op het einde van deze leerperiode begint Henri vrij te beeldhouwen en te schilderen. Hij hoopt te kunnen deelnemen aan de Godecharleprijs met een beeld dat hij reeds in Watermaal had aangezet (herfst 1904), *De nimf*. Omdat hij ontevreden is over het resultaat dient hij het uiteindelijk niet in voor de prijs. Hij stuurt een tekening naar een internationale tentoonstelling te Luik en meerdere werken naar de tentoonstelling die de kunstvereniging De Distel - gesticht door Théo Blickx - inricht te Mechelen. Eén ervan is *Een sprookje*, een nog onafgewerkt schilderij in luministische trant. Ook hierover is Wouters zelf niet tevreden en hij wijst voorgoed luminisme en gekunsteld academisme af.

Bijna een jaar wonen Nel en Henri in Sint-Joost-ten-Node bestendig in grote ontbering. Om niet helemaal financieel ten onder te gaan vervaardigt Henri een tijdlang beschilderde porseleinen beeldjes voor het huis Vermeiren-Coché en werkt hij ook voor zijn vader. Maar lang wenst hij dat niet te doen, zeker dat laatste niet. Hij deelt een tijdje een atelier met Jean Brusselmans. Het vierde salon der Onafhankelijken en het Driejaarlijks salon van Brussel nemen enkele beelden van hem op. Met het beeld *Dromerij* wordt Henri tweede in de Godecharleprijs.

Bosvoorde

Omdat Nel tuberculose heeft, verhuist het gezin in juni 1907 naar de gezonde lucht nabij het Zoniënwoud in de Denneboomstraat te Bosvoorde. Hun huis wordt een ontmoetingsplaats voor veel vrienden-kunstenaars, voor wie

re pouvoir participer au prix Godecharle avec une sculpture qu'il avait déjà entamée à Watermael (automne 1904), *La nymphe*. Etant donné qu'il n'est pas satisfait du résultat, il décide en fin de compte de ne pas concourir. Il adresse un dessin à une exposition internationale organisée à Liège et plusieurs travaux pour l'exposition que l'association artistique De Distel (Le Chardon) - fondée par Théo Blickx - organise à Malines. L'un de ces travaux, intitulé *Un conte*, est une toile inachevée d'inspiration luministe. A nouveau, Wouters n'est pas satisfait de cette œuvre et il rejette définitivement le luminisme et l'académisme artificiel.

Nel et Henri vivent pratiquement un an à Saint-Josse-Ten-Noode, dans un grand dénuement permanent. Afin de ne pas entièrement sombrer d'un point de vue financier, Henri peint pendant tout un temps des figurines en porcelaine pour la maison Vermeiren-Coché et il travaille également pour son père. Il ne souhaite toutefois pas poursuivre très longtemps dans cette voie et il ne désire certainement pas continuer à travailler pour son père. Il partage un moment un atelier avec Jean Brusselmans. Le quatrième salon des Indépendants et le salon Triennal de Bruxelles prennent quelques-unes de ses sculptures. Henri décroche la seconde place au prix Godecharle avec la sculpture intitulée *Rêverie*.

Boitsfort

Etant donné que Nel est atteinte de tuberculose, le couple déménage en juin 1907 vers l'air sain de la rue du Pin à Boitsfort, à quelques encablures de la Forêt de Soignes. Leur maison devient un lieu de rencontre pour les nombreux amis artistes, qui bientôt n'appellent plus Henri qu'en utilisant le prénom Rik: au rang de ces amis artistes figurent Johan Frison, Fernand Wéry, Fernand Verhaegen, Anne-Pierre de Kat, Frans Smeers, Maurice Wagemans, et Edgard Tytgat. Certains d'entre eux, dont notamment le solitaire Tytgat, habitent dans les environs; Nel et Rik, toujours prévenants et généreux, tenteront très rapidement, malgré leur propre dénuement, d'aider quelque peu ce dernier. En 1907 et 1908, Rik reçoit chaque année une dotation officielle de 500 F; de temps à autre, le père Emile apporte également une aide financière au couple. A compter de 1909, il noue un nombre sans cesse croissant de contacts avec le peintre Auguste Oleffe, qui vit à Auderghem depuis 1906. En

Henri weldra alleen nog Rik heet: Johan Frison, Fernand Wéry, Fernand Verhaegen, Anne-Pierre de Kat, Frans Smeers, Maurice Wagemans, Edgard Tytgat. Sommigen, ondermeer de eenzame Tytgat, wonen in de buurt; de steeds attente en vrijgevige Nel en Rik zullen ondanks de eigen ontberingen deze laatste al snel proberen wat te helpen. In 1907 en 1908 krijgt Rik telkens een staatstoelage van 500 BEF; soms springt ook vader Emile nog wat bij. Vanaf 1909 krijgt hij steeds meer contact met de schilder Auguste Oleffe, die sinds 1906 in Oudergem woont. In 1910 maakt hij een bootreis in Zeeland met onder meer Edgard Tytgat, Maurice Waegemans en de beeldhouwer Marnix d'Havelooze.

De tijd in Bosvoorde, die zal duren tot de mobilisatie in augustus 1914, is die van de volle artistieke ontplooiing en de geleidelijke erkenning van Rik. Als beeldhouwer heeft hij zijn eigen weg reeds gevonden, als schilder worden de eerste jaren die van zoeken en proberen, uit nood vaak op karton. Ondermeer enkele kleine stillevens, met vloeiende, helder contrasterende kleuren om het licht te kunnen weergeven, stammen uit die tijd. Tussendoor ontdekt Rik met veel enthousiasme de graveerkunst. Tot 1910 neemt hij hoofdzakelijk met beeldhouwwerk deel aan tentoonstellingen: Algemene tentoonstelling voor Schone Kunsten (Brussel, 1908), Salon van de Antwerpse kunstvereniging Kunst van Heden (1909, vijf beelden), Salon van de Onafhankelijken (Brussel, 1909, drie beelden en 1910, één beeld, dat een bronzen medaille en een toelage oplevert), Tentoonstelling van de Koninklijke Maatschappij voor Schone Kunsten Le Sillon (Brussel, 1909, negen beelden in 1910).

Wouters' ontwikkeling als schilder in die jaren is verweven met een aantal vermeldenswaardige namen. In 1909 leert hij Simon Lévy kennen, een schilder, in 1886 in Straatsburg geboren, en een groot bewonderaar van Van Gogh en vooral van Cézanne. Lévy weet die bewondering over te brengen op Nel en Rik, met wie hij tijdens zijn verblijf van anderhalf jaar in België (waarvan zes maanden in Mechelen) zeer bevriend raakt. Na Lévy's terugkeer naar Straatsburg zal Rik met hem zeer frequent, vrijmoedig en soms echt gepassioneerd blijven corresponderen, een schitterende bron voor de kennis van zijn artistieke zoektochten, ideeën en evoluties. In een brief van midden 1911 schrijft Rik ondermeer hoe hij steeds minder met het paletmes werkt en het penseel verkiest om een grotere transparantie

1910, il effectue un voyage en bateau en Zélande avec notamment Edgard Tytgat, Maurice Waegemans et le sculpteur Marnix d'Havelooze.

L'époque de Boitsfort, qui se poursuivra jusqu'à la mobilisation en août 1914, est celle de la pleine explosion artistique et de la reconnaissance progressive de Rik. En tant que sculpteur, il a déjà trouvé sa propre voie, alors qu'en sa qualité de peintre, les premières années sont celles de la recherche et de l'expérimentation, fréquemment sur carton, par nécessité. Témoins de cette époque quelques petites natures mortes notamment, avec des couleurs fluides, au contraste vif, qui permettent de capter la lumière. Entre-temps, Rik découvre la gravure avec beaucoup d'enthousiasme. Jusqu'en 1910, il participe aux expositions en présentant pour l'essentiel des sculptures: l'exposition générale des Beaux-Arts (Bruxelles, 1908), le Salon de l'association artistique anversoise Kunst van Heden (Art contemporain) (1909, cinq sculptures), le Salon des Indépendants (Bruxelles, 1909, trois sculptures et 1910, une sculpture, qui lui rapporte une médaille de bronze et une dotation), l'Exposition de la Compagnie Royale des Beaux-Arts Le Sillon (Bruxelles, 1909, neufs sculptures et 1910).

Le développement de Wouters en tant que peintre au cours de ces années est associé à un certain nombre de noms dignes d'être mentionnés. En 1909, il apprend à connaître Simon Lévy, un peintre né en 1886 à Strasbourg et grand admirateur de Van Gogh et surtout de Cézanne. Lévy sait transmettre cette admiration à Nel et à Rik, avec lesquels il se lie d'une profonde amitié au cours de son séjour d'un an et demi en Belgique (dont six mois à Malines). Après le retour de Lévy à Strasbourg, Rik continuera à correspondre avec lui par le biais d'une correspondance très fréquente, franche et parfois véritablement passionnée, qui constitue une superbe source pour la connaissance de ses quêtes, de ses idées et de ses évolutions artistiques. Dans un courrier daté du milieu de l'année 1911, Rik écrit notamment qu'il travaille de moins en moins avec le couteau à palette, pour lui préférer le pinceau, afin de pouvoir travailler avec de la peinture diluée dans la térébenthine qui lui permet d'obtenir des couleurs d'une plus grande transparence. Dans ces lettres, il fulmine souvent brièvement et de manière virulente à l'encontre de ses contemporains artistes qu'il apprend à connaître au cours des expositions.

te verkrijgen van een met terpentijn verdunde verf. In die brieven haalt hij vaak kort en scherp uit naar eigentijdse kunstenaars die hij in tentoonstellingen leert kennen.

De grootste bewondering uit hij meermaals voor James Ensor, de tweede belangrijke naam die vermeld moet worden en dan vooral voor Riks ontwikkeling als schilder. In 1912 krijgt hij de kans om in Parijs en Duitsland eindelijk de echte schilderijen van Van Gogh en Cézanne te bewonderen en niet langer meer alleen de reproducties ervan die hij vooral via Lévy kon bemachtigen. Hoe immens de indruk ook is die beide schilders op hem maken, toch blijft Ensor voor hem onvervangbaar. *Als Van Gogh je meteen te pakken heeft, dringt de ander* (Cezanne) *slechts langzaam tot je door en is zijn charme duurzamer omdat hij zich niet meteen helemaal geeft.* Maar niettemin: *Maar ik verkies daarboven de rijkere, meer Vlaamse stillevens van Ensor* - waarbij hij de atmosfeer van trillend licht voor ogen heeft - en elders: *Godverdomme, Ensor, Ensor!*. (Altijd even direct schrijft Rik overigens over nog zoveel anderen, bij voorbeeld begeesterd door El Greco: *Het is mooi, mooi!!!!!!* , of smalend over de schilders die maar verder blijven zweren bij het paletmes *Enfin, godverdomme, allen platte metselaars...*)

De derde belangrijke naam is Georges Giroux. Deze Fransman komt vanuit Parijs in 1911 te Brussel een modezaak openen en het jaar nadien een kunstgalerie. Hij is zodanig onder de indruk van Wouters' kunst dat hij bereid is voor hem een rekening te openen bij het huis Mommen, dat benodigdheden voor kunstenaars verkoopt. Op 15 april 1912 sluit Giroux met Rik Wouters een berucht geworden tienjarig contract. Het regelt afgieten, inlijsten, verkoop, transport, promotie door tentoonstellingen enzomeer van alle werk van Wouters, met gedeelde winst na aftrekking van alle kosten. Bovendien krijgt Rik maandelijks een bedrag van 200 BEF. Al heeft Giroux er duidelijk veel meer financiële voordelen uit gepuurd dan hem toekwamen, de context van het contract is toch de solide basis geworden die Rik toeliet voortaan ongeremd te schilderen en boetseren. Of zoals Nel later getuigt: *Ik ben bedrogen geworden, ik ben er nu zeker van, maar dat is mij om het even, want het is toch dankzij het krediet dat Giroux aan Rik bij Mommen verleende, dat hij zich heeft kunnen uitleven als schilder.* Rik zal inderdaad nog in 1912 bijna 60 doeken schilderen.

En outre, il exprime à maintes reprises sa plus grande admiration pour James Ensor - le second nom en importance qu'il convient de mentionner dans le cadre du développement de Rik en qualité de peintre essentiellement. En 1912, il a - enfin - pour la première fois l'opportunité d'admirer à Paris et en Allemagne les véritables peintures de Van Gogh et de Cézanne et non plus seulement les reproductions de ces œuvres qu'il pouvait se procurer, essentiellement par le biais de Lévy. Aussi immense soit l'impression que ces deux peintres exercent sur lui, Ensor demeure encore toutefois unique à ses yeux. *Si Van Gogh se laisse immédiatement saisir, l'autre (Cézanne) s'infiltre lentement en soi et son charme est plus durable, en raison du fait qu'il ne se livre pas entièrement et immédiatement.* Néanmoins: *Je leur préfère toutefois les natures mortes flamandes et plus riches d'Ensor* - pour lesquelles il a devant les yeux l'atmosphère de la lumière vibrante - et encore ailleurs: *Nom de Dieu, Ensor, Ensor !* Rik écrit par ailleurs de manière toujours aussi directe, même lorsqu'il s'adresse à d'autres, par exemple, lorsqu'il est enthousiasmé par Le Greco: *C'est beau, beau !!!!!!* , ou, avec condescendant à l'égard des peintres qui ne continuent à jurer que par le couteau à palette: *Enfin, nom de Dieu, tous de vulgaires maçons ...*

Georges Giroux est le troisième nom important dans la carrière de Rik Wouters. Ce français quitte Paris en 1911 et ouvre à Bruxelles une boutique de modes et, l'année suivante, une galerie d'art. Il est à ce point impressionné par les œuvres de Wouters qu'il est prêt à lui ouvrir un compte auprès de la maison Mommen, spécialisée dans la vente de matériel pour artistes. Le 15 avril 1912, Giroux conclut avec Rik Wouters un contrat de dix ans devenu célèbre. Il règle les moules, les encadrements, la vente, le transport, la promotion par le biais d'expositions etc. de toutes les œuvres de Wouters, et stipule le partage des bénéfices après déduction de tous les coûts. Rik perçoit en outre un montant mensuel de 200 F. Même si Giroux a manifestement retiré de ce contrat bien plus d'avantages financiers qu'il ne lui en revenait, le contexte de ce contrat est néanmoins devenu le fondement solide qui a permis à Rik de se consacrer désormais sans retenue à la peinture et au modelage. Comme en témoignera Nel ultérieurement: *J'ai été dupée, j'en suis désormais convaincue, mais peu m'importe, car c'est néanmoins grâce au crédit accordé par Giroux à Rik chez*

Het volle meesterschap

De jaren 1912-1914 worden die van Riks volle meester-schap, abrupt afgebroken door de mobilisatie in augustus 1914. Rik kan eindelijk enkele reizen maken. De langver-hoopte confrontatie met de echte schilderijen van de door hem bewonderde meesters als Cézanne, El Greco en Goya werkt bijzonder stimulerend. Terug thuis wil Rik ook meer buiten schilderen en hij trekt vaak het Zoniënwoud in. *Ik heb slechts één voorbeeld: de natuur* zal hij het jaar nadien nog aan de hem als schilder verketterende kunstcriticus Gerbaud schrijven. In september 1912 kan hij ook Keulen (waar hij in een tentoonstelling ondermeer 125 doeken van Van Gogh kan bewonderen) en Düsseldorf bezoeken. Hij smeekt Lévy hem de uitgave van de brieven van Van Gogh te lenen, zo intrigerend wordt deze voor hem. In 1913 spoort Rik met Giroux naar Parijs om de decors die hij tekende voor Klein Duimpje, een toneelstuk van Jules Els-lander met muzikale begeleiding van Léon Delcroix, dat eerst in het Gaieté-théater te Brussel liep, ginder in de Folies-Bergères nog eens bij te werken. De jaarlijkse herfsttentoonstelling die hij in de Franse hoofdstad bezoekt, wekt vooral ontgoocheling wegens de vele Cézanne-epigo-nen die er de schamele dienst uitmaken.

Rik neemt deel aan talrijke salons (Brussel, Gent, Parijs, Antwerpen, Venetië, Den Haag, Keulen, Edinburgh) en bezoekt er zelf veel in Brussel en Antwerpen, met telkens het nodige commentaar - direct en snedig - in de brieven aan zijn vriend Lévy. Zijn grote bewonderaars, Emile Ver-haeren en Emile Claus, willen hem een tentoonstelling in Parijs bezorgen. Ook James Ensor begint Wouters erg te waarderen. Wanneer hij in 1913 naar Bosvoorde komt, boetseert Rik van hem een borstbeeld waarover Ensor zeer tevreden is. Deze laatste besteedt dat jaar bijzonder veel zorg - hij zendt wel 22 doeken in - aan het jaarlijkse Salon van Kunst van Heden te Antwerpen. Dat hij niet wil onder-doen voor het werk van Van Gogh én van Rik Wouters houdt ongetwijfeld een teken van grote erkenning in. Op 20 februari 1914 heeft in Galerie Giroux te Brussel de ver-nissage plaats van de eerste individuele tentoonstelling van Wouters. Rik heeft er hard aan gewerkt: 16 beeldhouwwer-ken, 45 schilderijen, 76 pastels, aquarellen en tekeningen, en 6 decorstukken van Klein Duimpje.

Intussen had Wouters al de financieel belangrijke

La maîtrise totale.

Mommen qu'il a pu s'exprimer pleinement en qualité de peintre. Rien qu'en 1912, Rik peindra en effet pas moins de 60 toiles.

Les années 1912-1914 deviennent celles de la maîtrise tota-le de Rik, brutalement interrompue par la mobilisation en août 1914. Rik peut enfin effectuer quelques voyages. La confrontation tant attendue avec les véritables peintures des maîtres qu'il admire, tels que Cézanne, Le Greco et Goya, a un effet particulièrement stimulant. De retour à la maison, Rik est désireux de peindre davantage à l'extérieur et il se rend fréquemment dans la forêt de Soignes. *Je n'ai qu'un seul modèle: la nature*, écrira-t-il l'année suivante au critique d'art Gerbaud qui lui jetait l'anathème en tant que peintre. En septembre 1912, il est également en mesure de visiter Cologne (où il peut admirer une exposition proposant notamment 125 toiles de Van Gogh) et Düsseldorf. Il sup-plie Lévy de lui prêter l'édition des lettres de Van Gogh, tant est puissant l'attrait que ce dernier exerce sur lui. En 1913, Rik se rend avec Giroux en train à Paris pour para-chever à nouveau les décors qu'il a dessinés pour le Petit Pousset, une pièce de théâtre de Jules Elslander avec un accompagnement musical de Léon Delcroix, dont la repré-sentation initiale s'était déroulée au théâtre Gaieté à Bruxelles et qui était maintenant jouée aux Folies Bergères parisiennes. L'exposition automnale annuelle qu'il visite dans la capitale française ne suscite en lui que déception, surtout à cause des nombreux épigones de Cézanne qui y faisaient la pluie et le (beau) temps.

Rik participe à de très nombreux salons (Bruxelles, Gand, Paris, Anvers, Venise, La Haye, Cologne, Edim-bourg) et en visite lui-même de nombreux à Bruxelles et à Anvers, assorti chaque fois des habituels commentaires - directs et cinglants - dans les courriers adressés à son ami Lévy. Ses grands admirateurs, Emile Verhaeren et Emile Claus, veulent lui consacrer une exposition à Paris. James Ensor lui-même commence à réellement apprécier Wou-ters. Lorsqu'il se rend à Boitsfort en 1913, Rik façonne un buste d'Ensor, dont ce dernier est particulièrement satisfait. Ensor consacre au cours de cette année un soin tout parti-culier au Salon annuel de l'Art Contemporain organisé à Anvers - il y adresse en effet pas moins de 22 toiles. Le fait

Picard-prijs gekregen (600 BEF) en had de staat voor het eerst een werk (*Verbrande appelen*) van hem aangekocht. Genoeg gunstige perspectieven om Rik en Nel te doen besluiten een huis te bouwen. Ze lenen in totaal 10.000 frank (in die tijd vraagt Giroux 350 tot 500 F voor een schilderij en 1500 tot 2000 F voor beelden van Wouters), en de bouw op het Citadelplein te Bosvoorde is in december 1913 voltooid. Maar Rik zal er niet lang van genieten. De oorlog is op komst en steeds meer begint hoofdpijn de kunstenaar te kwellen. De dokter weet alleen wat rust aan te bevelen, met als gevolg lange wandelingen in het Zoniënwoud, dat nu nog meer het thema wordt van Riks schilderijen en aquarellen en zelfs de achtergrond vormt voor portretten van Nel.

De tragiek tijdens de oorlogsjaren

Begin augustus 1914 wordt Rik gemobiliseerd. De legereenheid waartoe hij behoort moet al meteen met grote verliezen wegvluchten uit de stellingen in Fléron, nabij Luik. Rik geraakt na een solitaire Odyssee langs Visé, Maastricht en Maaseik even in Brussel, echter zonder Nel te zien. Terug in het leger trekt hij via Lier naar Haasdonk en Beveren-Waas, voor de verdediging van Antwerpen, waar hij Nel enkele malen ontmoet. Na de val van deze stad vlucht hij met vele soldaten naar Nederland, waar ze als krijgsgevangenen vanaf 19 oktober geïnterneerd worden in een kamp in *Amersfoort*, en later, op 2 november 1915, overgebracht naar *Zeist*.

Ondertussen is Nel zo snel mogelijk naar Nederland gekomen. Via Scheveningen en Den Haag vindt ze een kamer in Amersfoort, waar ze haar man weerziet. Geleidelijk aan mag Rik Nel daar meer en meer komen opzoeken, en begint hij er steeds intenser terug te werken. Ondermeer dankzij Nels onvermoeibaar ijveren bij vrienden, kennissen en allerlei gezagsdragers krijgt Rik op 31 mei 1915 een permanente vergunning om zich in *Amsterdam* te vestigen. Op 1 juni is hij bij vrienden in die stad en al de volgende dag neemt hij met Nel zijn intrek in een appartement op de derde verdieping van een woning op de Derde Kostverlorenkade 37. Ze zullen er samen zijn tot 5 april 1916, de dag waarop Rik voorgoed vertrekt naar de kliniek Ziekenverpleging op de Prinsengracht.

Het verblijf in Nederland betekent geenszins een artistiek isolement. Met Galerie Giroux blijven er schriftelijke contacten, soms via allerlei omwegen. Samen met Paul

qu'il ne veuille en rien céder à l'œuvre de Van Gogh et de Rik Wouters implique indubitablement un signe de grande reconnaissance. Le 20 février 1914 se déroule dans la Galerie Giroux de Bruxelles le vernissage de la première exposition individuelle de Wouters. Rik y a durement travaillé: 16 sculptures, 45 peintures, 76 pastels, aquarelles et dessins et 6 pièces du décor de la pièce Le Petit Poucet.

Entre-temps, Wouters avait reçu le prix Picard, important d'un point de vue financier (600 F) et l'Etat avait pour la première fois acheté l'une de ses œuvres (*Pommes brûlées*). Ces perspectives suffisamment favorables incitent Rik et Nel à faire bâtir une maison. Ils empruntent pour ce faire un total de 10.000 francs (à cette époque, Giroux demande de 350 à 500 F pour une peinture et de 1500 à 2000 F pour des sculptures de Wouters); la construction de la maison sur la place de la Citadelle à Boitsfort est achevée en décembre 1913. Rik n'en profitera pas longtemps. La guerre est imminente et les maux de tête commencent de plus en plus souvent à torturer l'artiste. Le médecin ne peut que lui conseiller du repos, ce qui incite Rik à faire de longues promenades dans la forêt de Soignes, qui, de plus en plus, devient le thème des peintures et des aquarelles de Rik et qui constitue même l'arrière-plan des portraits de Nel.

La tragédie durant les années de guerre

Rik est mobilisé au début du mois d'août 1914. L'unité dont il relève doit dès l'engagement fuir les positions qu'elle détient à Fléron, dans les environs de Liège, et enregistrant de lourdes pertes. Rik entreprend une Odyssée solitaire qui le conduit via Visé, Maastricht et Maaseik à Bruxelles, sans toutefois voir Nel. De retour sous les drapeaux, il marche via Lierre vers Haasdonk et Beveren-Waas, pour la défense d'Anvers, où il rencontre Nel à quelques reprises. Après la chute de cette ville, il s'enfuit avec de nombreux soldats vers les Pays-Bas, où ils sont internés en tant que prisonniers de guerre à partir du 19 octobre dans un camp à *Amersfoort*, et avant d'être, le 2 novembre 1915, transférés à *Zeist*.

Dans l'intervalle, Nel est arrivée le plus rapidement possible aux Pays-Bas. Via Scheveningen et La Haye, elle trouve une chambre à Amersfoort, où elle revoit son mari. Progressivement, Rik est autorisé à venir de plus en plus souvent rendre visite à Nel et il se remet de manière de plus

Lambotte, ambtenaar bij het ministerie van wetenschappen en kunsten, behartigt zij Riks artistieke belangen in Brussel. Regelmatig worden er ook brieven gewisseld met Ary Delen, een bevriende kunstcriticus in Antwerpen. Deze laatste had Rik reeds vroeger bezocht in Haasdonk, samen met George Minne en met Oscar en Floris Jespers. Ook met Nederlandse schilders zijn er contacten: met Willem Paerels die Rik al in Brussel kende, en met Evert Pieters die hem in Amersfoort verf en papier bezorgt. Via de dichter Jan van Nijlen krijgt hij van Johanna Bongers, de weduwe van Theo Van Gogh, eindelijk een uitgave van de brieven van Vincent en van Elisabeth du Quesne-Van Gogh ontvangt Rik een vriendelijke brief. Van groot belang, niet alleen menselijk maar ook promotioneel, is de kennismaking met Nic Beets, adjunct-directeur van het Prentenkabinet bij het Rijksmuseum te Amsterdam. In dezelfde stad krijgen Nel en Rik bezoek van Willem Paerels en Evert Pieters, maar ook van Walter Vaes, Louis Piérard, Cyrille Buysse en Frans Smeers.

Ondanks de oorlog en zijn toenemende ziekte heeft Rik Wouters in Amersfoort en Zeist nog hard gewerkt. In Amsterdam slaagt hij er in zich terug volop op de kunst te storten, al gaat het weldra steeds trager: tientallen pentekeningen en aquarellen, 22 schilderijen en zelfs enkele beelden (van kapitein Stoett in het krijgsgevangenenkamp en van Dia Beets, de dochter van Nic Beets). Snel komen prestigieuze tentoonstellingen tot stand: één van pentekeningen, aquarellen en etsen in het Rijksprentenkabinet van Amsterdam (oktober-december 1915), naast retrospectieves in het Stedelijk Museum van Amsterdam (22 januari - 15 februari 1916) en in de Rotterdamse Kunstkring (6 tot 26 maart 1916). Werk van Wouters wordt intussen tentoongesteld in Oxford, Londen en Brussel (1915), in Den Haag, Edinburgh, Glasgow, Bradford, Birmingham, Liverpool, Madrid, San Sebastian, Parijs en Venetië (1916). Het Stedelijk Museum van Amsterdam koopt drie beelden: *Huiselijke zorgen*, *In de zon* en *Buste van Elslander*. Dat Rik Wouters, bewust van zijn meesterschap, aanvoelt dat hij niet veel tijd meer heeft, bewijst hij in maart 1916: hij - die op dat vlak voordien zo slordig was geweest - signeert één voor één al de tekeningen en aquarellen die hij nog heeft.

Zijn ziekte heeft hem intussen immers reeds fel in haar greep. De eerste symptomen dateerden al van de jaren in

en plus intensive au travail. Grâce notamment à la campagne inlassable menée par Nel auprès d'amis, de connaissances et de toutes sortes d'autorités, Rik obtient le 31 mai 1915 une autorisation permanente pour s'établir à *Amsterdam.* Le 1er juin, il est dans cette ville en compagnie d'amis et, dès le lendemain, il emménage avec Nel dans un appartement au troisième étage d'une habitation sise Derde Kostverlorenkade 37. Ils y vivront ensemble jusqu'au 5 avril 1916, le jour où Rik est hospitalisé à la clinique des Soins infirmiers située à la Prinsengracht.

Le séjour aux Pays-Bas ne signifie aucunement un isolement artistique. Des contacts écrits continuent d'être noués avec la Galerie Giroux, par le biais parfois de toutes sortes de détours. En compagnie de Paul Lambotte, fonctionnaire auprès du ministère des sciences et des arts, cette galerie veille aux intérêts artistiques de Rik à Bruxelles. Des échanges de correspondance réguliers sont également noués avec Ary Delen, un critique d'art d'Anvers avec lequel il s'était lié d'amitié. Ce dernier avait déjà précédemment rendu visite à Rik à Haasdonk, en compagnie de George Minne et d'Oscar et Floris Jespers. Il entretient également des contacts avec les peintres néerlandais: avec Willem Paerels que Rik connaissait déjà à Bruxelles et avec Evert Pieters qui lui fournit de la peinture et du papier à Amersfoort. Par le biais du poète Jan van Nijlen, il reçoit enfin de Johanna Bongers, la veuve de Théo Van Gogh, une édition des courriers de Vincent, alors qu'Elisabeth du Quesne-Van Gogh adresse une lettre amicale à Rik. La rencontre avec Nic Beets, directeur adjoint du Cabinet des Estampes auprès du Musée Royal d'Amsterdam, est d'un grand intérêt, non seulement humain, mais également promotionnel. Dans cette même ville, Nel et Rik reçoivent la visite de Willem Paerels et d'Evert Pieters, mais également de Walter Vaes, Louis Piérard, Cyrille Buysse et Frans Smeers.

En dépit de la guerre et de la progression de sa maladie, Rik Wouters a encore durement travaillé à Amersfoort et à Zeist. A Amsterdam, il parvient à nouveau à se consacrer entièrement à son art, même si, bientôt, son rythme de travail va aller en décroissant: plusieurs dizaines de dessins à la plume et d'aquarelles, 22 peintures et même quelques statues (du capitaine Stoett dans le camp de prisonniers de guerre et de Dia Beets, la fille de Nic Beets). De prestigieuses expositions sont rapidement organisées: une exposi-

Bosvoorde: hoofdpijn belet hem soms dagenlang te werken. In Amerfoort klaagt hij van 'zenuwpijnen', en voelt hij zich vaak wanhopig en moe. In februari 1915 beginnen de dokters in het militair hospitaal van Utrecht met een reeks 'verschrikkelijke spoelingen' om de ontsteking in de kaakholte te behandelen. In maart volgt een eerste operatie. Rik moet voortaan een bril dragen, maar zijn natuurlijk optimisme haalt de bovenhand. In juni volgt een tweede lichte ingreep. De dokters beseffen nu dat het kanker is, carcinoom van het rechter kaaksbeen. Maar Rik hoopt weer op genezing. In oktober wordt een derde operatie uitgevoerd, de hele rechterkaak en een deel van het gehemelte worden weggenomen. Rik komt er deerlijk verminkt uit en weet stilaan waar hij voor staat. Zijn mond kan hij niet meer openen, het rechteroog is blind. Zeventien dagen na de ingreep schildert hij *Zelfportret met de zwarte ooglap*. Op 6 april 1916 wordt hij nog een laatste maal geopereerd, Rik wordt zowat onherkenbaar. Zijn dodenmasker zal er de bittere getuige van blijven.

Einde april verlaat Rik een laatste maal zijn ziekenkamer om bij een notaris heel zijn bezit aan Nel over te maken. Kort nadien wordt in zijn kamer zijn huwelijk met Nel ook kerkelijk ingezegend. Op 11 juli 1916 om middernacht sterft Rik in de kliniek. De begrafenisplechtigheid volgt op 15 juli in aanwezigheid van heel wat personaliteiten en bekende kunstenaars uit Nederland en België. Rik Wouters wordt begraven op het kerkhof Buitenveldert in Amsterdam. Nel, die pas in 1919 terugkeert naar België, laat het lichaam herbegraven in Bosvoorde op 5 februari 1924. De grafsteen laat ze later inmetselen in de tuinmuur van hun huis aan het Citadelplein, nu het 'Rik Woutersplein'.

R. Avermaete, *Rik Wouters*, Brussel, Jacques Antoine, 1986

O. Bertrand, *Rik Wouters. Les Peintures, De Schilderijen, Catalogue raisonné,* Antwerpen, Petraco-Pandora, 1995

O. Bertrand en S. Hautekeete, *Rik Wouters. Kroniek van een leven,* Antwerpen, Petraco-Pandora, 1995

Rik Wouters
Tentoonstellingscatalogus, Amersfoortse Culturele Raad, Amersfoort 13 november 1988 - 9 januari 1989

tion consacrée aux dessins à la plume, aux aquarelles et aux gravures à l'eau forte organisée dans le Cabinet d'Estampes royal d'Amsterdam (octobre - décembre 1915), en marge de rétrospectives au Musée Municipal d'Amsterdam (22 janvier - 15 février 1916) et au Cercle Artistique de Rotterdam (du 6 au 26 mars 1916). Les œuvres de Wouters sont entretemps exposées à Oxford, Londres et Bruxelles (1915), à La Haye, Edimbourg, Glasgow, Bradford, Birmingham, Liverpool, Madrid, San Sébastien, Paris et Venise (1916). Le Musée Municipal d'Amsterdam achète trois statues: *Soucis familiaux, Au soleil* et *Buste d'Elslander.* Rik Wouters démontre en mars 1916 que, conscient de sa maestria, il prend également conscience qu'il ne lui reste plus beaucoup de temps à vivre: lui qui, dans ce domaine, avait toujours été si négligent, signe à cette époque, les uns à la suite des autres, les dessins et les aquarelles qu'il possède encore.

L'emprise de la maladie sur Rik est entre-temps de plus en plus grande. Les premiers symptômes dataient déjà des années passées à Boitsfort: les maux de tête l'empêchaient parfois de travailler durant plusieurs jours. A Amersfoort, il se plaint de 'douleurs nerveuses' et il se sent fréquemment désespéré et las. En février 1915, les médecins de l'hôpital militaire d'Utrecht commencent une série de 'lavages affreux' destinés à soigner l'inflammation dans la cavité maxillaire. Une première opération suit en mars. Rik doit désormais porter une paire de lunette, mais son optimisme naturel reprend le dessus. Une seconde intervention légère suit au mois de juin. Les médecins se rendent compte qu'il s'agit du cancer, un carcinome du maxillaire droit. Rik continue toutefois de croire en la guérison. En octobre, une troisième opération est réalisée, au cours de laquelle les médecins procèdent à l'ablation de toute la mâchoire droite et d'une partie du palais. Rik sort gravement mutilé de cette opération et se rend progressivement compte de la situation à laquelle il est confronté. Il ne peut plus ouvrir la bouche et il est aveugle de l'œil droit. Dix-sept jours après l'intervention, il peint *Rik au bandeau noir.* Le 6 avril 1916, il est une dernière fois opéré; Rik devient pratiquement méconnaissable. Son masque de mort en demeurera le macabre témoin.

A la fin du mois d'avril, Rik quitte une dernière fois sa chambre d'hôpital pour léguer par-devant un notaire tous ses avoirs à Nel. Peu de temps après, également son maria-

Rik Wouters (1882-1916)
Tentoonstellingscatalogus, PMMK-Museum voor Moderne Kunst,
Oostende
2 juli 1994 - 25 september 1994
met daarin ondermeer:
W. Van den Bussche, *Inleiding*, p. 7-15
Dr. P.P. Devries, *De laatste levensjaren van Rik Wouters,* p. 17-22
O. Bertrand, *Biografie,* p. 225-234
NN., *Beknopte Bibliografie,* p. 236-237

ge religieux avec Nel est célébré dans sa chambre. Le 11
juillet 1916 à minuit, Rik décède dans la clinique. La céré-
monie funèbre se déroule le 15 juillet en présence de nombreuses personalités et d'artistes célèbres en provenance des
Pays-Bas et de Belgique. Rik Wouters est enseveli au cimetière Buitenveldert à Amsterdam. Nel, qui ne retourne en
Belgique qu'en 1919, fait ensevelir la dépouille de Rik à
Boitsfort le 5 février 1924. Elle fera ultérieurement sceller
la pierre funéraire dans le mur du jardin de leur maison sise
place de la Citadelle, qui a depuis lors été rebaptisée Place
Rik Wouters.

R. Avermaete, *Rik Wouters*, Bruxelles, Jacques Antoine, 1986

O. Bertrand, *Rik Wouters. Les Peintures, De Schilderijen, Catalogue raisonné,* Anvers, Petraco-Pandora, 1995

O. Bertrand et S. Hautekeete, *Rik Wouters. Jalons d'une vie*, Anvers,
Petraco-Pandora, 1995

Rik Wouters
Catalogue de l'exposition, Amersfoortse Culturele Raad (Conseil Culturel d'Amersfoort), Amersfoort
13 novembre 1988 - 9 janvier 1989

Rik Wouters (1882-1916)
Catalogue de l'exposition, PMMK - Museum voor Moderne Kunst
(Musée d' Art Moderne), Ostende
2 juillet 1994 - 25 septembre 1994
avec notamment
W. Van den Bussche, *Introduction*, p. 7-15
Dr. P.P. Devries, *Les dernières années de Rik Wouters,* p. 17-22
O. Bertrand, *Biographie*, p. 225-234
NN., *Abrégé de bibliographie,* p. 236-237

4.   Zelfportret, artiestenkop, 1902
        Autoportrait, tête d'artiste, 1902
        Self-Portrait, as an artist, 1902

5. Zonneschijn (gips en brons)(1908)
   Rayon de soleil (plâtre et bronze) (1908)
   Sunshine (plaster and bronze) (1908)

6.   Portret van Kobe van Mechelen (1899 - 1902)
      Portrait de Kobe de Malines (1899 - 1902)
      Portrait of Kobe of Mechelen (1899 - 1902)

7. Portret van een vrouw in het grijs / profiel (1903 - 1904)
  Portrait de femme en gris / profil (1903 - 1904)
  Portrait of a woman in grey / profile (1903 - 1904)

8. Portret van een jonge knaap (Victor Dandois) (1904 - 1905)
   Portrait de jeune garçon (Victor Dandois) (1904 - 1905)
   Portrait of a young boy (Victor Dandois) (1904 - 1905)

9.   Portret van een man (omstreeks 1900)
           Portrait d'homme (circa 1900)
           Portrait of a man (around 1900)

10.   Zelfportret (1903 - 1904)
        Autoportrait (1903 - 1904)
        Self-Portrait (1903 - 1904)

11.   Torso van een jonge vrouw (1909)
       Torso de jeune femme (1909)
       Torso of a young woman (1909)

12. Rosalie de weduwe, 1909
    Rosalie la veuve, 1909
    Rosalie the widow, 1909

13. Schrijvende vrouw
Femme écrivant
Woman writing

14. Portret van Rik tekenend
Portrait de Rik dessinant
Portrait of Rik drawing

15. Oude boer (1e plaat)
    Vieux paysan (1ère planche)
    Old farmer (1st.etching)

16. Oude boer (2e plaat)
    Vieux paysan (2ème planche)
    Old farmer (2nd.etching)

17.   Vrouw voor het rode gordijn (1912)
       Femme devant le rideau rouge (1912)
       Woman in front of a red curtain (1912)

18.   Portret van Rik Wouters ten voeten uit
Portrait en pied de Rik Wouters
Full-length portrait of Rik Wouters

19. Hoofd van Rik
    Tête de Rik
    Head of Rik

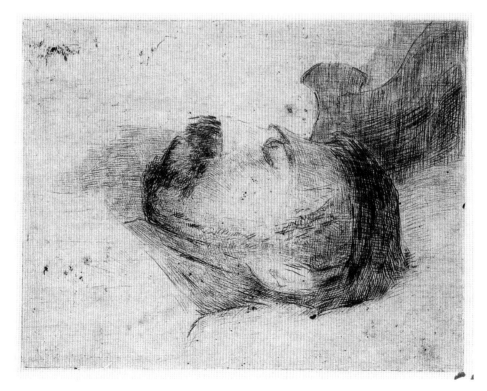

20. Prost dood
    Prost mort
    Prost dead

21.   Portret van de vader van de kunstenaar A, of: De man met de strohoed (1912)
       Le père de l'artiste A, ou: Homme au chapeau de paille (1912)
       The father of the artist A, or: The man with the straw hat (1912)

22. Dame in het zwart gezeten in een interieur (rode hoed in de hand) of Namiddag te Bosvoorde, 1908
La dame en noir assise dans un intérieur (chapeau rouge à la main) ou Après-midi à Boitsfort, 1908
Woman in black seated in an interior (red hat in hand) or Afternoon at Bosvoorde, 1908

23.   Koer in de sneeuw
       Cour sous la neige
       Yard in the snow

24.   De binnenschippers, Mechelen
       Les bateliers, Malines
       The barge skippers, Mechelen

25. De maskermaker
     Le sculpteur de masques
     Mask sculptor

26. Karnaval te Bosvoorde
     Carnaval de Boitsfort
     Carnival at Bosvoorde

27. Studies van het portret van Rik zijn vader
    Le père de Rik, recherche de portrait
    Studies of the portrait of Rik's father

28. De oude Charel wacht, recto
    L'attente du vieux Charel, recto
    Old Charel waiting, recto

29.   Nel en Netty, 1914
Nel et Netty, 1914
Nel and Netty, 1914

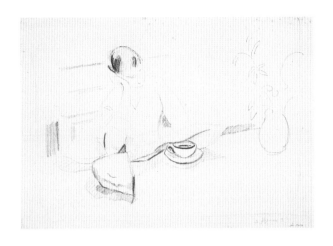

32. Kaartspelende mannen, barak 18 - Zeist
Hommes jouant aux cartes, baraque 18 - Zeist
Men playing carts, hovel 18 - Zeist

30. Het ontbijt (1913)
Le déjeuner (1913)
Breakfast (1913)

33. Drie figuren
Trois figures
Three figures

31. Tytgat staande in profiel
Tytgat debout en profil
Tytgat standing in profile

34.   Internering te Amersfoort (1915)
       Internement à Amersfoort (1915)
       Internment at Amersfoort (1915)

35.	Schetsblad: naakte vrouw, rechterarm omhoog, vrouw op de rug gezien
	Croquis: femme nue, bras droit levé, femme vue de dos
	Sketch page: nude woman, right arm raised, woman seen from the back

36.   Hollandse dienstmeiden op zaterdagavond (1914)
      Les bonnes hollandaises le samedi soir (1914)
      Dutch servant girls saturday evening (1914)

37.   Schippers met bootshaak, 1915
      Bateliers à la gaffe, 1915
      Boatmen with hook, 1915

38. Vrouw met sjaal
Femme au châle
Woman with shawl

39.   Lezende vrouw
      Femme lisant
      Woman reading

40. Drie figuren, Gieters van het zotte geweld
Trois figures, Mouleurs de la vierge folle
Three figures, Casters of the foolish frenzy

41.   Mieleke Proost of de jonge boer Mieleke, 1911
        Mieleke Proost ou le jeune paysan Mieleke, 1911
        Mieleke Proost or the young farmer Mieleke, 1911

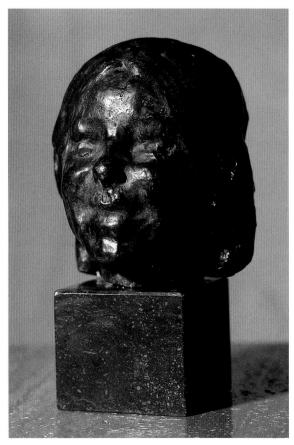

42.   Buste van Rik Wouters, origineel gips, 1911
       Buste de Rik Wouters, plâtre original, 1911
       Bust of Rik Wouters, original plaster, 1911

43.   Kinderkopje
       Portrait d'enfant
       Child's head

44. Borstbeeld van Rik Wouters, brons
Buste de Rik Wouters, bronze
Bust of Rik Wouters, bronze

45.   Mijmering, 1911
Contemplation, 1911
Contemplation, 1911

46.   De zieke vrouw met de witte sjaal (1915)
       La femme malade au châle blanc (1915)
       The ailing woman with white shawl (1915)

47.   Zomernamiddag te Amsterdam (1915)
Après-midi d'été à Amsterdam (1915)
Summer afternoon in Amsterdam (1915)

48.   Portret van Rik Wouters met sigaar, blauwe jas, grijze hoed (1913)
       Portrait de Rik Wouters au cigare, veste bleue, chapeau gris (1913)
       Portrait of Rik Wouters with cigar, blue coat, grey hat (1913)

Rik Wouters

DE MENS • L'HOMME

BEDET SIMON

"Cette peinture qui respire la joie que l'artiste a eue à peindre"
RENOIR

Het bewustzijn van Vlaanderen is gegroeid uit het besef dat Vlaanderen veel kunstenaars heeft voortgebracht.

Rik Wouters is een boeiend en belangrijk kunstenaar voor de kunstgeschiedenis van België in deze twintigste eeuw.

Er wordt dan ook zeer veel gepubliceerd over de ontwikkelingen die hij als kunstenaar en als mens heeft doorgemaakt. Het ene kan niet zonder het andere. Rik Wouters heeft in zijn oeuvre vol franchise zichzelf, zijn eigen leven, denken en voelen, zijn familie en vrienden, op duizenden manieren beschreven.

Als memoires.

Deze schilderijen, beeldhouwwerken, tekeningen, aquarellen, etsen en schetsen, samen met zijn brieven in een zo eigen plastisch en voor Rik typische taalgebruik, doorspekt met bedenkingen, technieken, humor en wanhoop, optimisme, levenslust en tragisch bewustzijn vormen een dankbare voedingsbodem voor zowel schilders, schrijvers als poëten.

In het leven van Rik Wouters kunnen we verschillende fasen onderscheiden. Deze vinden we ook in zijn werk terug en zijn sterk verbonden met de plaatsen waar hij verbleef. Mechelen, Brussel, Watermaal-Bosvoorde met een gestage evolutie.

1912 het jaar van volle ontwikkeling en erkenning met rijke, rijpe resultaten.

Dan de kentering.

De eerste wereldoorlog met ballingschap in Amersfoort, Zeist, Utrecht, en een snel evoluerend ziekteproces in Amsterdam.

Abrupt einde in 1916. Te plots. Te snel. Te vroeg. Te pijnlijk.

La conscience de la Flandre s'est nourrie de la notion que la Flandre a engendré de nombreux artistes.

Rik Wouters est un artiste passionnant et essentiel dans l'histoire artistique de la Belgique au cours de ce vingtième siècle.

De très nombreux ouvrages traitant des évolutions qu'il a connues en tant qu'artiste et en tant qu'homme ont été publiés. Les évolutions artistiques ne vont effectivement pas sans les évolutions humaines. Dans son œuvre, Rik Wouters s'est dépeint de plusieurs milliers de manières différentes et en toute franchise, et il a également décrit sa propre vie, ses propres pensées et ses sentiments, ainsi que sa famille et ses amis.

En guise de mémoires.

Ses peintures, sculptures, dessins, aquarelles, gravures à l'eau forte et esquisses, ainsi que ses courriers rédigés dans un style imagé et typique de Rik, truffés de réflexions, de techniques, d'humour et de désespoir, d'optimisme, de joie de vivre et de conscience tragique, constituent un intéressant aperçu de l'époque tant pour les peintres, les écrivains que les poètes.

Dans la vie de Rik Wouters nous pouvons distinguer plusieurs périodes. Nous les retrouvons du reste dans son œuvre et elles sont étroitement associées aux endroits où il a séjourné. Malines, Bruxelles, Watermael-Boitsfort, avec une évolution constante.

1912 est l'année de la pleine éclosion et de la reconnaissance, avec des résultats riches et mûrs.

Ensuite, le revirement.

La Première Guerre mondiale avec l'exil à Amersfoort, à Zeist, à Utrecht, et un développement foudroyant de sa maladie à Amsterdam.

De vrouw, onmisbare Nel, als muze, model, geisha, lenig en katachtig, met een toch wel zeer sterke persoonlijkheid die hem doorheen goede en kwade dagen steeds zou bijstaan is het belangrijkste en meest continue element in zijn leven en werk. Zij is zijn zon, energie en levenslust. Moeke!

Een eerste concrete aanleiding tot research naar Rik Wouters was een TV-documentaire met evocatie van zijn leven voor de BRTN in 1993 - 1994. Elke week ging ik wandelen in 'zijn' bos, stilaan 'mijn' bos. Had mijn 'gezegende' toestand er iets mee te maken? Ik weet het niet. Maar elk plaatsje, elke boom, plant of struik, elke plek waar hij wandelde, schilderde, waar Nel poseerde, of zijn vrienden, zocht ik, herkende ik, werd me vertrouwd, riep emotie en herinnering op alsof ik erbij was. Ik was er wel degelijk, zij het jaren later en in een ietwat uitgedund bos en probeerde gestoord door autogeraas te kijken met diezelfde ogen. Mijn eeuwige nieuwsgierigheid. Wie was deze man die me zo boeide, wiens werk me, alle gekende kunstwerken te buiten gelaten, zo intrigeerde dat ik werkelijk in zijn voetsporen wou treden? Hem leren kennen! Zowel zijn werk als zijn denkwereld, van vechten, zoeken en twijfelen, zijn motivatie, zijn humor en intens optimisme, zijn experimenten met absorberend doek, zijn kleurgebruik en moeilijkheden.

En die kans kreeg ik een tweede maal toen de stad Mechelen me voorstelde een tentoonstelling op te zetten. We beperkten het onderwerp tot "De menselijke figuur in het oeuvre van Rik Wouters." Dus verre van een volledig overzicht. Toch vind ik dat "Fijnheid" slechts met mondjesmaat geproefd kan worden.

En mensen waren er. Niet enkel Nel zoals velen beweren. Ook vrienden, collega's kunstenaars, kennissen, buren, kinderen, familie...

Mensen die de Woutersen graag bezochten. Hun huisje te Watermaal, hoe klein ook, was steeds warm, gezellig, vol leven. Iedereen bracht op zondagnamiddag wel wat lekkers mee. Ensor kwam er. Ook Tytgat, Elslander, Frison, Wijnants, Schirren, Van Nijlen, Lévy, Brusselmans, Delen...

Rik Wouters heeft in zijn toch zeer korte leven een ontzagwekkend oeuvre nagelaten. Als in een niet te stuiten roes. Vele brieven getuigen hierover en na zijn dood lichtte Nel een andere tip van de sluier op. Veel nieuws of buitengewoons is er niet meer te ontdekken. Het meeste is te boek

Fin brutale en 1916. Trop brutale. Trop rapide. Trop prématurée. Trop douloureuse.

La femme - l'indispensable Nel, en tant que muse, modèle, geisha, avec une souplesse féline, disposant néanmoins d'une forte personnalité qui, dans les jours de joie comme dans les jours d'adversité, l'assistera toujours - est l'élément le plus important et le plus permanent dans toute sa vie et dans toute son œuvre. Elle est son soleil, son énergie et sa soif de vivre.

Un documentaire télévisé retraçant sa vie, diffusé par la BRTN en 1993 - 1994, a constitué le premier élément déclencheur m'incitant à effectuer des recherches à propos de Rik Wouters. Chaque semaine, je me suis promenée dans 'son' bois, qui est progressivement devenu 'mon' bois. Est-ce que ma situation 'de femme enceinte' avait quelque chose à voir avec cela? Je l'ignore. J'ai toutefois cherché et identifié chaque endroit, chaque arbre, chaque plante ou chaque arbrisseau, chaque endroit où il s'est promené, où il a peint, où Nel ou ses amis ont posé; je m'y suis familiarisée et tous ces éléments suscitaient émotion et souvenirs comme si j'avais été présente. J'y étais effectivement, même si j'y étais quelques années plus tard, et dans un bois quelque peu éclairci; j'ai en outre tenté, dérangée par le vacarme automobile, de regarder avec les mêmes yeux. Mon éternelle curiosité. Qui était cet homme qui me passionnait tant, cet homme dont l'œuvre m'intriguait tant - toute autre œuvre d'art connue mise à part - au point que je souhaitais vraiment fouler ses empreintes de pas? Apprendre à le connaître! Tant son œuvre que son univers mental, fait de combats, de quêtes et de doutes, sa motivation, son humour et son intense optimisme, ses expériences avec la toile absorbante, son utilisation de la couleur et ses difficultés.

J'ai eu cette chance une seconde fois lorsque la ville de Malines m'a proposé de mettre sur pied une exposition. Nous avons limité le sujet de cette exposition au thème suivant: "La figure humaine dans l'œuvre de Rik Wouters." Nous étions dès lors loin de proposer un aperçu complet de son œuvre. J'estime toutefois que le «Raffinement» ne peut être dégusté qu'avec parcimonie.

Et des gens, il y en avait. Pas seulement Nel comme d'aucuns l'affirment, mais il y avait également des amis, des collègues artistes, des connaissances, des voisins, des enfants, la famille, etc.

gesteld. Zijn brieven, soms met bijtende kritiek vol humor over tijdgenoten, soms vol twijfels over eigen kunnen en zijn zoektocht naar betere expressiemiddelen, zijn koortsige ijver, niettegenstaande ontbering en financiële zorgen, zijn bewondering voor Ensor, de ontdekking van kunstenaars als Cézanne, Renoir, Van Gogh.....

Deze tekst is geen kunsthistorische bezinning, noch een eloge aan de kunst van Rik Wouters. De werken spreken voor zich.

Wie de vorm niet beheerst faalt als kunstenaar. Wie de vorm niet weet te interpreteren faalt als toeschouwer.

Wel wil ik langs brieffragmenten zijn gedrevenheid, liefde en originele creativiteit illustreren.

De mens Rik Wouters

Jules Elslander portretteert Rik als volgt:
(...)Klein van gestalte, maar gespierd: het gelaat en de ogen helder - het gelaat fris en roze, omringd door korte rosse haren en door licht golvend haar, de ogen porseleinblauw - een samengaan van glimlach en stoute vreugde: de handen hard en knoestig. Hij verbaasde door zijn vrolijkheid, als men wist met welke moeilijkheden hij moest kampen om te leven en te werken. Zijn uitdrukking zelf was vol vertrouwen en moed, vol uitdaging ook. Hij bekeek u zonder knipperen en scheen u te ondervragen met een soort ironie. De gehele mens was sympathiek en vrijmoedig.
Ik heb nooit Rik Wouters gekend, tenzij lachend en moedig. Hij vertelde zijn ergste teleurstellingen met een schertsend accent, dat trof en de luisteraar er toe bracht zich mede te verontwaardigen. In werkelijkheid gekscheerde hij om zijn gramschap te verbergen en dikwijls gebeurde het hem zijn wrok uit te schreeuwen in een hoog klinkende Vlaamse vloek.

Na vele huizen en verhuizen huren ze een huisje in Watermaal-Bosvoorde aan de rand van het woud. Slechts voor enkele gelukkige en vruchtbare jaren.
Het creatieve nest wordt door A.J.J. Delen beschreven:
(...) Hij bewoonde er een van die kleine, bijna onooglijke werkmanshuizekens, met één verdieping. Men stapte er van de straat recht in de woonkamer, maar stond aldus verrast door de genoeglijke atmosfeer van smaakvolle gezelligheid, van knusse vriendelijkheid, die overal toelachte...
En op 't atelier - een wat groots klinkende naam voor de nauwe zolderkamer waar men langs een kippentrap toegang toe had,

Des gens à qui les Wouters rendaient volontiers visite. Leur maison de Watermael, aussi petite qu'elle fût, était toujours chaleureuse, agréable, pleine de vie. Tout le monde y apportait des douceurs le dimanche après-midi. Ensor s'y est rendu, ainsi que Tytgat, Elslander, Frison, Wijnants, Schirren, Van Nijlen, Lévy, Brusselmans, Delen, etc.

Rik Wouters a, au cours de sa vie somme toute très brève, laissé une œuvre considérable. Comme dans une ivresse qui ne peut être endiguée. De nombreux courriers en témoignent et, après son décès, Nel a levé un autre coin du voile. Il n'y a plus beaucoup d'éléments nouveaux ou extraordinaires à découvrir à son propos. La plupart de ces éléments ont en effet été couchés par écrit. Ses lettres, qui contenaient parfois des critiques acerbes pleines d'humour à propos de ses contemporains, ou qui exprimaient parfois de nombreux doutes quant à ses propres qualités et à sa quête de meilleurs moyens d'expression, son application fiévreuse, nonobstant le dénuement et les affres pécuniaires, son admiration à l'adresse d'Ensor, la découverte d'artistes tels que Cézanne, Renoir, Van Gogh, etc.

Le présent texte n'est pas une réflexion relative à l'histoire de l'art, ni un éloge de l'art de Rik Wouters. Les œuvres parlent en effet d'elles-mêmes.

Quiconque n'est pas en mesure de maîtriser la forme échoue en sa qualité d'artiste. Quiconque n'est pas en mesure d'interpréter la forme échoue en sa qualité de spectateur.

Je souhaite toutefois, par le biais d'extraits de lettres, illustrer sa volonté acharnée, son amour et sa créativité originale.

L'homme Rik Wouters

Jules Elslander dépeint Rik comme suit:
(...) De petite stature, mais musculeux: le visage et les yeux clairs - le visage frais et rose, ceinturé de cheveux roux coupés courts et d'une chevelure légèrement ondoyante, les yeux couleur de porcelaine bleue - une combinaison de sourire et de téméraire allégresse: les mains sont dures et calleuses. Il étonnait par sa gaieté, lorsque l'on connaissait les difficultés auxquelles il devait faire face pour vivre et pour travailler. Son expression elle-même était toute empreinte de confiance et de courage, toute empreinte de défi également. Il vous examinait sans sourciller et semblait vous interroger avec une espèce d'ironie. Tout le personnage était sympathique et franc.

en waar en de hals brak over allerlei rommel - daar maakte Rik Wouters zijn jonge, vreugdige kunst. ... Daar maakte hij zijn grote figuren - van dansende bacchante, die hij zo kernschetsend noemt "Het Zotte Geweld", tot het monumentale beeld "Huiselijke Zorgen" - 't was me een toer, zulke meer dan levensgrote en soms door het bijzondere der houding veel ruimte innemende stukken in elkaar te krijgen, dit in een kamertje, een paar vierkante meter groot, waar de beeldhouwer met zijn model, en met zijn geweldig werk, nauw bij elkaar zaten gedrumd. In die omgeving, nederig, maar geheel in de toon van de zonnige stemming der bewoners zelf, kwam mij voor 't eerst de beminnelijke personaliteit van Rik Wouters naderbij.

Deze twee monumentale werken (beiden centraal aanwezig op de tentoonstelling) in deze kleine ruimte gerealiseerd getuigen van een rijpe, volwassen artisticiteit. Meerdere parallellen vinden we terug in zijn schilderkunst.

Zijn sculpturen waren die van een schilder: zijn schilderijen deden de beeldhouwer vermoeden. (Jozef Muls)

Deze beide beelden zijn complementair en elkaars tegenpool, hoe paradoxaal dit ook moge wezen.

De zuiverheid en naaktheid van *Het zotte geweld* accentueert haar sensuele en uitdagende, uitdragende, beweging. Zij spot met de wetten van de zwaartekracht. Zij is één brok vitaliteit, dynamiek, energie en levenslust. Een uitleven zonder beheersing. De romp als centrale spil, die het hoofd, armen en benen in een draaiende exuberante beweging meevoert. Rik zocht met dit werk naar de uiterste grens van evenwicht en is daar wonderwel in geslaagd.

In *Huiselijke zorgen* daarentegen drukt de zwaartekracht zwaar in de alledaagse sleur die vorm krijgt door de verticale drapering. Het monumentale en de compactheid benadrukken stabiliteit, innerlijke rust, bezinning, zorgen.

Wouters geeft het materiaal vrijheid en treedt ermee in dialoog. In de massieve en concrete aanwezigheid met steeds wisselende oppervlakten draagt het spel van licht en schaduw bij tot de gespannen kracht.

De honderden schilderijen, beeldhouwwerken, tekeningen, aquarellen, pastels, etsen, die Rik Wouters maakte in de korte tijdspanne van zijn leven zijn verbluffend, evenals de snelheid in evolutie, door aanhoudende oefening, van het beperkt academische tot een zeer eigen specifieke, spontane, synthetische vereenvoudiging.

Onder invloed van Ensor gaat hij kleur als zelfstandig

Je n'ai jamais connu Rik Wouters autrement que rieur et courageux. Il contait ses plus cruelles déceptions avec un accent badin qui prenait, et qui conduisait l'interlocuteur à s'indigner également. En réalité, il plaisantait pour dissimuler son courroux et il lui arrivait souvent de hurler son ressentiment dans un juron flamand éructé d'une voix forte.

Après de nombreuses maisons et de nombreux déménagements, ils louent une petite maison à Watermael-Boitsfort à la lisière de la forêt, mais seulement pour quelques années heureuses et fécondes.

Le nid créatif est décrit comme suit par A.J.J. Delen: *(...) Il vivait dans une de ces minuscules maisons d'ouvrier, avec un étage. Depuis la rue, nous entrions directement dans la salle de séjour, mais étions immédiatement sous l'emprise de l'ambiance agréable faite d'intimité de bon goût, d'amabilité douillette, qui partout plaisait ...*
Dans l'atelier - un nom quelque peu ronflant pour qualifier l'étroite mansarde accessible par le biais d'un échelier et où on se cassait le cou dans un indescriptible capharnaüm - c'est là que Rik Wouters a réalisé son art jeune et joyeux ... C'est là qu'il a exécuté ses grands personnages - de la bacchante dansante, qu'il indiquait de manière si essentielle La vierge folle, jusqu'à la sculpture monumentale Soucis domestiques; c'était pour moi un exploit d'assembler de telles pièces plus grandes que nature et qui, en raison de leur posture particulière, occupaient parfois une place énorme dans une toute petite pièce comme celle-là, d'une superficie de quelques mètres carrés seulement, où le sculpteur et son modèle, et son œuvre gigantesque, étaient assis aussi à l'étroit. C'est dans cet environnement modeste, mais entièrement dans l'esprit de l'atmosphère radieuse de ses occupants, que j'ai pour la première fois examiné de plus près l'agréable personnalité de Rik Wouters.

Ces deux sculptures monumentales (qui occupent toutes les deux une place de choix dans cette exposition) réalisées dans cet espace confiné témoignent d'un sens artistique riche et adulte. Nous retrouvons plusieurs parallèles avec sa peinture.

Ses sculptures étaient celles d'un peintre: ses peintures laissaient supposer la présence du sculpteur. (Jozef Muls)

Aussi paradoxal que cela puisse paraître, ces deux statues sont complémentaires et ne se ressemblent en rien.

La pureté et la nudité de *La vierge folle* accentuent son mouvement sensuel et provocant, extraverti. Elle raille les lois

element zien. Dankzij Cézanne laat hij delen van het doek onbeschilderd. En komt zo tot een nieuwe synthese, haast immaterieel.

De observatie van mens en natuur erkent hij als zijn enige leermeester. Hij is geen epigoon.
(...) Meer persoonlijke indrukken zouden meer genoegen doen - (...) - zelf ontdekken heeft meer verdienste en geeft ook meer vreugde, en dan de invloed van een meester sluit u de oogen voor vele dingen, welke in de natuur te ontdekken zijn - door te verheerlijken van die welke men ziet kan men zulke groote dingen verwezelijken als zij zelve (...)"
(brief aan Simon Lévy, 18.8.1912)

Soms toch ook twijfel.
Ik vertelde je al dat ik sinds je vertrek niet veel meer gewerkt heb, en ik heb een groot afgrijzen van alle werken die ik momenteel hier in huis heb. En toch zou ik hard willen doorwerken, maar niets bevalt me en ik heb altijd zin om gewoon iets uit het geheugen te doen of enkele schetsen uit te werken. En dan begin ik te aarzelen en gaat de tijd voorbij en elke ochtend tracht ik me te overtuigen dat men toch niet altijd de dingen hoeft te schilderen die men voor ogen heeft. (...)
(brief aan Simon Lévy, 31.10.1913)

Zoals zovele kunstenaars, dichters, schrijvers, voor hem en na hem, bezingt hij in zijn kunst niet enkel de heerlijkheid van het zichtbare dat hij als geen ander wist te vatten.

In de schilderijen is ook kleur primordiaal. Zij overstijgt het object. Heeft een eigen betekenis door zinvolle ordening. De juiste dosering suggereert ruimte, waartegen de afzonderlijke figuur door de vele kleurtoetsen geen afzonderlijke figuur meer is. Wat ze aan functionele kracht verliest wint ze aan kleurennuance. Grenzen verdwijnen. Beweging ontstaat. Voor- en achterplan lopen doorheen. Een spiegeleffect met een duizendvoudige weerkaatsing van licht en kleur biedt de mogelijkheid om gevoelsnuances zeer gevarieerd weer te geven. De melodie stijgt uit een chaos van in mekaar grijpende motieven, kort en snel van stemming wisselend. De persoonlijke emotie stijgt boven het naturalistische element van de beschrijving uit en wordt door de zuivere muzikaliteit van lijn en kleur gefilterd. Hij slaagt erin het plotselinge te vatten en met een paar halen tot hun grootste essentie te reduceren. Door de hoge mate

de la gravité. Elle est l'incarnation de la vitalité, du dynamisme, de l'énergie et de la joie de vivre. Un défoulement sans maîtrise. Le tronc en tant que pivot central, qui entraîne la tête, les bras et les jambes dans un mouvement tournant et exubérant. Rik cherchait avec cette œuvre la limite extrême de l'équilibre et il est y admirablement parvenu.

Dans *Soucis domestiques* en revanche, la gravité pèse lourdement dans la routine quotidienne, qui reçoit une forme en raison du drapé vertical. L'aspect monumental et la compacité accentuent la stabilité, le calme intérieur, le recueillement, les soucis.

Wouters accorde un espace de liberté au matériau et entre en dialogue avec lui. Dans la présence massive et concrète, avec des surfaces toujours variables, le jeu de la lumière et de l'ombre contribue à la puissance crispée.

Les centaines de peintures, de sculptures, de dessins, d'aquarelles, de pastels et de gravures que Rik Wouters a exécutés dans le bref laps de temps de sa vie sont époustouflants, ainsi que la vitesse d'évolution de son art qui, grâce à une étude sans relâche, est passé de l'académisme limité à une simplification spécifique, spontanée, synthétique qui lui est très personnelle.

Sous l'influence d'Ensor, il va considérer la couleur comme un élément indépendant. Grâce à Cézanne, il laisse des parties de la toile vierges de toute couleur. Il arrive de la sorte à une nouvelle synthèse, presque immatérielle.

Il reconnaît l'observation de l'être humain et de la nature comme son seul maître. Il n'est pas un épigone.
(...) Des impressions plus personnelles apporteraient davantage de satisfactions - (...) - la découverte personnelle a plus de mérite et apporte également une plus grande joie et ensuite, l'influence d'un maître vous rend aveugle par rapport à de nombreuses choses que la nature vous permet de découvrir - en glorifiant celle que nous voyons, nous pouvons réaliser de grandes choses comme elle-même (...)
(lettre à Simon Lévy, 18.8.1912)

Le doute pointe également parfois:
Je te disais l'autre jour que je ne fiche pas grand-chose depuis ton départ, et j'ai un réel dégoût de tout ce que j'ai à la maison en ce moment. Pourtant je voudrais travailler fermement. Mais nom de Dieu, rien ne me plaît et j'ai toujours envie de faire des choses simplement par souvenir ou exécuter certains

van duidelijkheid, de eenvoud van lijn, zijn zijn werken als dagboekfragmenten van een opgejaagd leven, dat te snel wegebt om alles te kunnen vatten, te kunnen noteren.

Vanaf 1912 evolueert alles naar een hoogtepunt. Na tentoonstellingen in gekende salons en met steun van de familie Giroux krijgt hij mogelijkheden te reizen om ongekende en gekende kunstenaars te ontdekken op tentoonstellingen o.a. in Parijs, Keulen, Nederland... en kan hij, met hulp, zijn eigen huis bouwen aan de rand van het woud. Echter niet voor lang.

De eerste wereldoorlog breekt uit. Rik wordt opgeroepen. Hij geraakt in de turbulentie. Zijn eerste ervaringen zijn schrijnend. Het heimwee naar huis en Nel nog meer.
Indien ik echt moet vechten, zal ik de moed hebben en indien ik niet moest terugkeeren, weet dan dat ik u altijd zeer heb liefgehad.
Laten we de moed niet te spoedig verliezen, ik zal mijn best doen om bij u terug te keeren.
Indien de Duitsche soldaten ooit naar Brussel komen, tracht dan in veiligheid te komen: zoek bescherming om het even waar ge kunt, want ik wil, ik wil bij u terugkomen.
(eerste brief, s.d.)

(...) Het afschuwelijke spektakel van al die jonge dooden heeft me radeloos gemaakt, ik heb genoeg aan u en aan mijn kunst (om me er weer bovenop te helpen). Dat voelt men pas goed voor al die dooden (...)
(brief naar Nel, augustus 1914)

De Duitsers rukken verder op, Antwerpen valt, waardoor heel wat soldaten de Nederlandse grens overtrekken en als oorlogsgevangenen geïnterneerd worden in kampen, eerst in Amersfoort daarna in Zeist. Rik is neerslachtig en ziek door de barre levensomstandigheden. Nel huurt een kamer te Amersfoort en brengt tekenmateriaal. Door toedoen van Elslander en andere vrienden bekomt Rik een zekere vrijheid. In Nels gezelschap zwerft hij urenlang door de omgeving en maakt er talloze schetsen en aquarellen, vol onrust en angst, van de heide en het kamp achter de prikkeldraadomheining. Oorlog, kou, ontbering, maar vooral de aanhoudende aangezichtspijnen putten hem uit. Begin 1915 volgt een eerste operatie. Kort daarna bekomt hij de totale vrijheid. Ze verhuizen naar Amsterdam en Rik gaat optimistisch weer volop aan het werk.

croquis en les développant et alors je commence à hésiter et le temps passe. Chaque lendemain je tâche de me convaincre qu'il ne faut tout de même pas toujours peindre des choses qu'on a sous les yeux. (...)
(lettre à Simon Lévy, 31.10.1913)

Comme de très nombreux artistes, poètes, écrivains, avant et après lui, il célèbre dans son art non seulement la splendeur du visible qu'il savait, à nul autre pareil, capturer.

Dans les peintures, la couleur est également primordiale. Elle transcende l'objet. Elle a une signification propre en raison d'une structure logique. Le dosage exact suggère l'espace, contre lequel le personnage individuel n'est plus, en raison des nombreuses touches de couleur, un personnage distinct. Ce qu'il perd en puissance fonctionnelle, il le gagne en nuance de couleurs. Les frontières disparaissent. Le mouvement naît. L'avant-plan et l'arrière-plan se chevauchent. Un effet de miroir avec une réflexion de la lumière et de la couleur qui se multiplie des milliers de fois offre la possibilité de restituer des nuances de sentiment de manière très variée. La mélodie émane d'un chaos de motifs s'imbriquant les uns dans les autres et changeant brièvement et rapidement de tempérament. L'émotion personnelle dépasse l'élément naturaliste de la description et est filtrée par la pure musicalité de la ligne et de la couleur. Il parvient à capturer l'éphémère et, au moyen de quelques traits, à le réduire à son essence suprême. Grâce au niveau élevé de clarté, de simplicité de la ligne, ses œuvres sont comme des fragments de journal intime d'une vie tourmentée, qui s'atténue trop rapidement pour pouvoir tout capturer, pour pouvoir tout consigner.

A compter de 1912, tout évolue vers un apogée. Après les expositions dans les salons réputés et avec le soutien de la famille Giroux, il dispose de la possibilité d'effectuer des voyages à la découverte d'artistes connus et inconnus à l'occasion d'expositions organisées notamment à Paris, à Cologne, aux Pays-Bas ... et il lui est désormais loisible, moyennant une aide, de faire construire sa propre maison à la lisière de la forêt. Pas pour longtemps toutefois.

La Première Guerre mondiale éclate. Rik est appelé sous les drapeaux. Il entre dans une zone de turbulences. Ses premières expériences sont poignantes. La nostalgie de son foyer et de Nel l'est encore davantage.
Si je dois vraiment prendre part aux combats, j'en aurai le cou-

Jan Van Nijlen typeert in een brief aan Ary Delen de fijne persoonlijke visie van Rik:

Hij bewoonde te Amersfoort eene banale huurkamer waarvan het meest in 't oog vallende meubel een dier oude, zwarte, dubbele canapé's was, zoals men die hier niet meer ziet. Hij gaat aan 't tekenen, en zie: die leelijke dingen krijgen een ziel, beginnen te leven, spreken een taal die ontroert.

De vensters geven uit op eene vrij drukke winkelstraat: ene hollandsche kleinstadstraat met groente- en kruidenierswinkels, met vleeschhouwer, schoenmaker, fotograaf en banketbakkers. Wij, wij kijken even door de ruiten als wij onze sigaar opsteken en denken: ook niet plezierig om maar altijd tegen die idiote gevels aan te kijken! Maar op een mooien dag heeft Rik een aquarel gemaakt, en plots schittert ons tegen de mysterieuze ziel, de schoone ziel van dien schijnbaar banalen winkel, van dien schijnbaar dooden gevel, de ziel die voor ons verborgen was, maar die hij met één blik heeft ontdekt.

Zoo ging het met alles. Zoo ging het ook nog op zijn kamers te Amsterdam, van waar hij de schuiten zag voorbijvaren en, achter de gevels van den overkant, de onmetelijke vlakte der hollandsche polders aanschouwde. Zijn oog en zijn hart maakten van elk stukje wereld een landschap van heerlijkheid en rijkdom!

(s.d., 1916?)

In Amsterdam ondergaat Rik Wouters nog enkele pijnlijke operaties die hij uitvoerig beschrijft aan zijn vrienden. Diagnose: kanker. Maar desondanks blijft zijn toon schertsend en optimistisch. De operatieve ingrepen beïnvloeden zijn palet. Zijn werken worden somberder met grote gedempte kleurvlakken, die meer diepte, meer spanning suggereren.

In februari 1916 organiseert het Stedelijk Museum van Amsterdam een overzichtstentoonstelling. Rik was nog even aanwezig. De tentoonstelling is één groot succes. Het Museum koopt werk aan, uitzonderlijk daar in de regel geen werk van buitenlanders werd aangekocht.

Op 6 april 1916 wordt Rik Wouters voor de derde maal geopereerd. Hij sterft er in de nacht van 11 juli 1916. In augustus zou hij 34 jaar geworden zijn.

Jan Van Nijlen, intieme vriend en dichter, schrijft een geëmotioneerde brief aan Ary Delen over de laatste levensdagen van Rik (16 juli 1916):

Op een donderdag heeft hij de eerste crisissen gekregen - tot vier

rage et si je ne devais pas revenir, sache que je t'ai toujours aimé très fort.

Ne perdons toutefois pas courage trop rapidement, je ferai de mon mieux pour revenir auprès de toi.

Si les soldats allemands venaient à arriver à Bruxelles, tâche de te mettre en sécurité;: cherche une protection où que tu puisses, car je veux, je veux revenir auprès de toi.

(première lettre, s.d.)

(...) Le spectacle horrible de tous ces jeunes morts m'a poussé à bout; toi et mon art me suffisent (pour m'aider à relever la tête) A côté de tous ces morts, j'en suis encore plus convaincu (...)

(lettre à Nel, août 1914)

Les Allemands poursuivent leur progression. La chute d'Anvers. Ce qui entraîne le passage de très nombreux soldats à travers la frontière séparant la Belgique des Pays-Bas et leur internement comme prisonniers de guerre dans des camps, tout d'abord à Amersfoort, ensuite à Zeist. Rik est déprimé et malade en raison des rudes conditions de vie. Nel loue une chambre à Amersfoort et y apporte du matériel de peinture. Sur intervention d'Elslander et d'autres amis, Rik obtient une certaine liberté. En compagnie de Nel, il erre des heures durant dans les environs et réalise des dizaines d'esquisses et d'aquarelles, toutes empreintes de tumultes et de crainte, de la lande et du camp derrière l'enceinte en fil de fer barbelé. La guerre, le froid, le dénuement, mais surtout les douleurs faciales persistantes l'épuisent. Il se soumet à une première opération au début de l'année 1915. Peu de temps après, il obtient une liberté totale. Ils déménagent vers Amsterdam et Rik se remet à nouveau entièrement au travail avec optimisme.

Jan Van Nijlen caractérise dans une lettre à Ary Delen la vision personnelle délicate de Rik:

Il vivait à Amersfoort dans une banale chambre qu'il prenait en location et dont le mobilier le plus remarquable était constitué par un double canapé noir extrêmement vieux, comme on n'en voit plus ici. Il se met à dessiner et, oh ! miracle, ces choses affreuses reçoivent une âme, commencent à vivre et parlent une langue qui émeut.

Les fenêtres donnent sur une rue commerçante relativement animée: une rue de petite ville hollandaise, avec des marchands de légumes et des épiceries, avec le boucher, le cordonnier, le photographe et les pâtissiers. Nous, nous regardons négligem-

in een nacht - die het einde voorspelden. Den volgenden dag heb ik hem bezocht, maar hij lag zoo goed als geheel buiten kennis. Men verwachtte toen elk oogenblik zijn dood. Toen ik dien avond vertrok was ik overtuigd dat hij nog een paar uur te leven had en dat ik den volgenden dag het bericht van zijn dood zou ontvangen. En toch heeft hij nog twaalf dagen geleefd: dan was hij beter en dan weer slechter, met tusschenpoozen van groote helderheid. Zijn eenige lectuur in die laatste maanden was Guido Gezelle, dien hij hartstochtelijk bewonderde. Hij had het zoover gebracht dat hij zijne vrouw, die nooit een vlaamsch boek in handen nam, dit mooie werk heeft leeren lezen: en dit maakte hem zeer gelukkig.

Hij las dan of zij las hem voor: "een bonke keersen kind" "Daar stond in 't veld een blommeken" "de kraaien" en soms was hij zo ontroerd dat hij het uitsnikte. Voelde hij toen reeds het onontkoombare einde en dat hij nooit meer aanschouwen zou de schoone aarde, de boomen, de lucht, de zon en al die wonderen die de dichter zoo heerlijk had bezongen. Toch zegde hij het nooit. Niet éénmaal is er een klacht over zijn lippen gekomen, hoezeer hij ook geleden heeft - en dat schijnt afschuwelijk te zijn geweest. De laatste dagen liet de pijn hem wat met rust: toen was hij ongevoelig geworden door de overvloedige inspuitingen met morphine.

Woensdag middag kreeg ik een telegram: Rik middernacht overleden. Den volgenden dag heb ik hem nog gezien, in de kleine doodenkamer van het ziekenhuis lag hij onder het witte laken met het arme verminkte en vermagerde gelaat, dat van een zoo nobel succes was hier verzekerd: alle critici waren het erover eens dat hier een kunstenaar met buitengewone gaven aan het woord was; en nu zal dit prachtige leven zoo ellendig moeten eindigen. Het is vreeselijk.

Terwijl ik met Riks vrouw even door de zalen van d'Audretsch liep, waar men bezig was de tentoonstelling zijner werken klaar te maken, zag ik een drietal van Riks laatste werken gemaakt na de groote operatie. Welk verschil met zijn vroeger werk. Hoe is alles versomberd! Maar hoe echt, hoe pijnlijk doet dit aan. (...)

De kunst beeldt alle mogelijkheden van het leven uit en is daarom een epos van de mens. Rik Wouters is er steeds in geslaagd het plotselinge, het ogenblikkelijke te vatten en met een paar halen tot hun grootste essentie te reduceren. Al het aanwezige wordt door de kunstenaar in het scherzo

ment par les fenêtres lorsque nous allumons notre cigare et nous pensons: ce n'est pas agréable de toujours regarder ces idiotes façades ! Mais, par un beau jour, Rik a réalisé une aquarelle et, soudainement, l'âme mystérieuse, la superbe âme de ce magasin en apparence banal, de cette façade en apparence morte, l'âme qui pour nous était enfouie, mais qu'il a découverte en un coup d'œil, étincelle devant nos yeux.

Et il en allait ainsi de tout. Il en allait également de même pour ses chambres à Amsterdam, d'où il voyait les bateaux naviguer au loin, et d'où, derrière les façades du côté opposé, il contemplait l'incommensurable plaine des polders hollandais. Son œil et son cœur faisaient de chaque partie du monde un paysage de splendeur et de richesse !»

(s.d., 1916 ?)

Rik Wouters subit encore à Amsterdam quelques opérations douloureuses qu'il décrit de façon circonstanciée à ses amis. Diagnostic: cancer. Malgré tout, son ton demeure badin et optimiste. Les interventions chirurgicales ont influencé sa palette. Ses œuvres deviennent plus sombres avec des grandes parties de couleur feutrées, qui suggèrent plus de profondeur, plus de tension.

En février 1916, le Musée Municipal d'Amsterdam organise une rétrospective. Quoique brièvement, Rik y était présent. L'exposition a été un énorme succès. Le Musée se porte acquéreur du fruit de travail de Rik, ce qui est un fait exceptionnel, si l'on sait qu'en règle générale aucune œuvre d'artistes étrangers n'était achetée.

Le 6 avril 1916, Rik Wouters est opéré pour la troisième fois. Il décède dans la nuit du 11 juillet 1916. Il aurait eu 34 ans au mois d'août.

Jan Van Nijlen, poète et ami intime, a adressé une lettre toute empreinte d'émotion à Ary Delen à propos des derniers jours de la vie de Rik (16 juillet 1916):

Un jeudi, il a subi les premières crises - jusqu'à quatre dans la nuit - qui prédisaient la fin. Je lui ai rendu visite au cours des jours qui suivirent, mais il avait pratiquement perdu connaissance. Nous nous attendions à son décès à tout instant. Lorsque je l'ai quitté cette soirée, j'étais convaincu qu'il n'avait plus encore que quelques heures à vivre et que je recevrais le lendemain la nouvelle de sa mort. Il a toutefois encore survécu pendant douze jours; au cours de ces journées, il alternait les périodes meilleures avec des moments de rechute, entrecoupés d'intervalles de grande lucidité. Les ouvrages de Guido Gezelle

van een vrolijke dag, van glasachtige doorzichtigheid en diepte omgevormd. Door de hoge mate van duidelijkheid, door de eenvoud van de lijn, komt de aard van de kunstenaar het sterkst tot uitdrukking.

Hieruit blijkt de onvervangbaarheid van de menselijke aanleg van de kunstenaar in de rijkwijdte van zijn opmerkzaamheid, zijn levendigheid van gevoel, de hartstochtelijkheid van zijn temperament, zijn ruimte van begrip.

Bevrijd van het dwingende karakter van de onderwerpen hervindt de schilderkunst haar picturale kracht, haar liefde voor verf en haar materialiteit.

De Italiaanse schilder Carlo Carrà schreef:
Het zijn de doodgewone dingen, die die eenvoudige vormen onthullen, waardoor wij ons bewust worden van die hogere toestand van het zijn, die zo veel rijker aan betekenis is en waar de gehele heerlijkheid van de kunst zetelt.

Wanneer datgene wat tot het ik behoort en datgene wat buiten het ik ligt elkaar onderling doordringen in het creatieve handelen, komen schepper en toeschouwer tot een beter begrip van zichzelf.

Zelf vermeldt Rik Wouters in een van zijn brieven:
Wat mij betreft, leven dat is schilderen, boetseren en teekenen, zoo eenvoudigweg als eten. Ik heb slechts één model: de natuur. Hare schoonheid is oneindig, en ik verzeker u dat ik er toe komen zal er genoeg uit te halen, ten einde ze volgens mij te organiseren, sculpturaal en picturaal gesproken.

- qu'il admirait passionnément - ont été ses compagnons de ses derniers mois. Il l'avait tellement apprécié qu'il avait appris à sa femme à lire ce superbe ouvrage, elle qui n'avait jamais pris un livre flamand dans ses mains: cette initiation l'avait rempli de joie.

Il lisait alors ou elle lisait pour lui: "Een bonke keersen kind" "Daar stond in 't veld een blommeken" "De kraaien" et parfois, il était si ému qu'il en sanglotait. Pressentait-il déjà à l'époque la fin inéluctable et le fait qu'il ne contemplerait plus jamais la belle terre, les arbres, l'air; le soleil et toutes ces merveilles que le poète avait si délicieusement magnifiée ? Il n'en disait toutefois jamais mot. Pas une fois il ne s'est plaint, quelle que fût la souffrance qu'il endurait - aussi horrible que cela ait été. Les derniers jours, la douleur l'a quelque peu épargné: il était à ce moment devenu insensible en raison des très abondantes injections de morphine qui lui avaient été administrées. Mercredi midi, j'ai reçu un télégramme. Rik était décédé à minuit. Je l'ai encore revu le lendemain; dans la petite morgue de l'hôpital, il gisait sous le drap blanc avec le triste visage émacié et mutilé. Tous les critiques d'art étaient d'accord sur le fait qu'il s'agissait d'un artiste digne d'un succès noble, d'un artiste doté de talents extraordinaires et qu'il était désolant qu'une superbe vie doive s'achever de manière aussi misérable. C'est effrayant.

Alors que je me promenais avec la femme de Rik dans les salles d'Audretsch, où nous étions attelés à préparer l'exposition de ses œuvres, j'ai vu trois œuvres de Rik réalisées après sa grande opération. Quelle différence par rapport à ses œuvres antérieures. Comme tout s'est assombri ! Mais quel sentiment d'exactitude et de douleur émane de ces œuvres. (...)

L'art exprime toutes les possibilités de la vie et est dès lors une épopée de l'être humain. Rik Wouters est toujours parvenu à capturer l'éphémère et l'immédiat et à les réduire au moyen de quelques traits à leur essence suprême. Tout ce qui est présent est transformé par l'artiste dans le scherzo d'un jour joyeux, de la transparence et de la profondeur vitreuses. Grâce au niveau élevé de netteté, grâce à la simplicité de la ligne, la nature de l'artiste trouve le meilleur terreau pour s'exprimer.

L'intangibilité du talent humain de l'artiste dans la portée de son attention, la vivacité de ses sentiments, la fougue de son tempérament, l'espace de sa compréhension en ressortent dès lors.

Roger AVERMAETE, *Rik Wouters*, Brussel 1962

Olivier BERTRAND, *Rik Wouters. Les Peintures / De Schilderijen*,
Antwerpen 1995

Olivier BERTRAND en Stefaan HAUTEKEETE, *Rik Wouters.*
Kroniek van een leven, Antwerpen 1994

A.J.J. DELEN, *Rik Wouters. Zijn leven. Zijn werk. Zijn einde*,
Antwerpen 1922

Nel WOUTERS, *La vie de Rik Wouters à travers son œuvre*,
Bruxelles 1944

Stefaan HAUTEKEETE, *Rik Wouters. Ontwikkeling en betekenis van het*
picturale oeuvre, Antwerpen 1997

Libérée du caractère contraignant des sujets, la peinture retrouve sa force picturale, son amour de la peinture et sa matérialité.

Le peintre italien Carlo Carrà a écrit:

Il s'agit des choses très simples, de celles qui dévoilent ces formes simples, qui nous font prendre conscience de cette situation supérieure de l'existence, qui est bien plus riche en signification et où toute la splendeur de l'art réside.

Lorsque ce qui fait partie de soi, et ce qui réside en dehors de soi se laissent mutuellement imprégner dans des activités créatrices, le créateur et le spectateur arrivent à une meilleure compréhension d'eux-mêmes.

Rik Wouters lui-même en a fait mention dans l'un de ses courriers:

En ce qui me concerne, la vie, c'est la peinture, le modelage et le dessin, tout aussi simplement que l'activité nourricière. Je n'ai qu'un seul modèle: la nature. Sa beauté est infinie et je vous assure que je parviendrai à en extraire suffisamment afin de l'organiser, d'un point de vue sculptural et pictural, selon mes désirs.

Roger AVERMAETE, *Rik Wouters*, Bruxelles, 1962

Olivier BERTRAND, *Rik Wouters. Les Peintures / De Schilderijen*,
Anvers 1995

Olivier BERTRAND et Stefaan HAUTEKEETE, *Rik Wouters.*
Jalons d'une vie, Anvers 1994

A.J.J. DELEN, *Rik Wouters. Zijn leven. Zijn werk. Zijn einde*, Anvers
1922

Nel WOUTERS, *La vie de Rik Wouters à travers son œuvre*, Bruxelles
1944

Stefaan HAUTEKEETE, *Rik Wouters. Développement et portée de son*
œuvre peint, Anvers 1997

49. Vrouw met de mantille, 1913
Femme à la mantille, 1913
Woman with a mantilla, 1913

50. In het dennenbos (1914)
Personnages en fôret (1914)
Figures in the forest (1914)

51.   Begrafenis van minister Beernaert, 1912
       Enterrement du ministre Beernaert, 1912
       Funeral of Minister Beernaert, 1912

52. Kermis te Watermaal
    Kermesse à Watermael
    Fun fair at Watermaal

53. Schets van Léon Thumilaire lezend
    Croquis de Léon Thumilaire lisant
    Sketch of Léon Thumilaire reading

54. Studieschets voor het portret van W. De Troch, 1913
  Esquisse d'étude du portrait de W. De Troch, 1913
  Study sketch for the portrait of W. De Troch, 1913

55. Het winkeltje
La boutique
The shop

56.   Portret van Rik met de bontmuts
        Portrait de Rik au bonnet de fourrure
        Portrait of Rik wearing a fur hat

57.	Portret van Ernest Wijnants, eerste staat (1912)
	Portrait d'Ernest Wijnants, premier état (1912)
	Portrait of Ernest Wijnants, first state (1912)

58.   Portret van Ernest Wijnants, tweede staat, 1912
Portrait d'Ernest Wijnants, deuxième état, 1912
Portrait of Ernest Wijnants, second state, 1912

59.   Portret van de kunstschilder Jehan Frison
       Portrait de l'artiste peintre Jehan Frison
       Portrait of the painter Jehan Frison

60.   De jonge Tytgat, 1910
Le jeune Tytgat, 1910
The young Tytgat, 1910

61.   Gebogen buste met haarwrong, 1909
      Buste penché au chignon, 1909
      Bent bust with curl, 1909

62. Gefantaseerd portret
Portrait fantaisiste
A fantasy portrait

63. Portret van Léon Thumilaire
Portrait de Léon Thumilaire
Portrait of Léon Thumilaire

64. De vriend Simon Lévy
L'ami Simon Lévy
The friend Simon Lévy

65. Portret van Steenhoff en een vrouw
Portrait de Steenhoff et une femme
Portrait de Steenhoff and a woman

66. Man en vrouw aan tafel
Homme et famme à table
Man and woman at a table

67. Tytgat aan tafel
Tytgat à table
Tytgat seated at a table

67 b. Interieur, twee personen
Intérieur, deux personnages
Interior, two figures

69.   Zelfportretten
        Autoportraits
        Self-Portraits

68.   Staande figuur
        Figure debout
        Standing figure

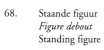

70.   Vrouw op het bed gezeten (1912)
       Femme assise sur un lit (1912)
       Woman sitting on a bed (1912)

71. Vrouw de krant lezend
Femme lisant le journal
Woman reading the newspaper

72. Lezende vrouw
Femme lisant
Woman reading

73. Slapende vrouw
Femme endormie
Woman sleeping

74. Liggende vrouw
Femme couchée
Reclining woman

74b.   Rik met de zwarte ooglap, 1915
        Rik au bandeau noir, 1915
        Rik with the black eye-patch, 1915

75. Liggende vrouw, 1912
Femme couchée, 1912
Reclining woman, 1912

76.   De schilder op de Hoogbrug te Mechelen, 1908
        Le peintre sur le Hoogbrug à Malines, 1908
        The painter on the Hoogbrug at Mechelen, 1908

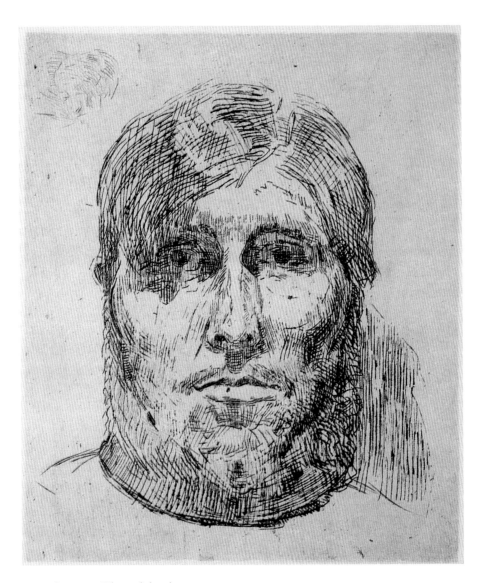

77. Portret van Rik met de baard
Portrait de Rik à la barbe
Portrait of Rik with beard

78. Naakt in rieten zetel, 1911
Nu au fauteuil d'osier, 1911
Nude in a wicker armchair, 1911

79. Vrouw op de rand van een bed (1912)
Femme au bord du lit (1912)
Woman on the edge of a bed (1912)

108

81. Naaiende vrouw, rode tulpen, 1915
Femme cousant, tulipes rouges, 1915
Woman sewing, red tulips, 1915

80. Avondmelancholie of dromerij/ avond, 1915
Mélancolie du soir ou Rèverie/ soir, 1915
Evening melancholy or reverie/ evening, 1915

82.   Rustend model (1910)
        Repos du modèle (1910)
        Model taking a rest (1910)

83. Vrouw voor het interneringskamp
     Femme devant le camp d'internement
     Woman in front of the P.O.W. camp

84. Nel gezeten aan een tafel,
toilet van de handen, 1915
Nel assise à une table,
toilette des mains, 1915
Nel seated at a table,
toilet of the hands, 1915

85. Naaiende vrouw, avond, 1915
Femme cousant, soir, 1915
Woman sewing, evening, 1915

86. Vijf figuren waaronder twee schetsen voor Rik met de zwarte ooglap
Cinq figures dont deux croquis de Rik au bandeau noir
Five figures including two sketches for Rik with the black eye-patch

87. De was, 1915
La lessive, 1915
The laundry, 1915

88.　Dame in het rood op het balkon, 1915
Femme en rouge au balcon, 1915
Woman in red on a balcony, 1915

89.   De schilder Simon Lévy (1913)
        Le peintre Simon Lévy (1913)
        The painter Simon Lévy (1913)

90.   Vrouw gezeten voor een open venster (1910 - 1911)
       Femme assise devant une fenêtre ouverte (1910 - 1911)
       Woman sitting in front of an open window (1910 - 1911)

91.   Het zotte geweld of de dwaze maagd (1912)
        La vierge folle (1912)
        The foolish frenzy (1912)

92.   Borstbeeld van James Ensor, 1913
       Buste de James Ensor, 1913
       Bust of James Ensor, 1913

93.   Huiselijke zorgen (1913)
        Soucis domestiques (1913)
        Domestic cares (1913)

Rik Wouters

STEFAAN HAUTEKEETE

Met het thema van de menselijke figuur als leidraad, belichten we hier Wouters' artistieke evolutie, waarbij de nadruk zal liggen op zijn picturale oeuvre. Dit overzicht voert ons terug tot 1894, wanneer Wouters in de meubelmakerij van zijn vader leert houtsnijden. Van 1898 tot 1901 volgt hij een beeldhouwersopleiding aan de Mechelse Academie, waar hij ook tekenlessen neemt. Het schilderen daarentegen oefent hij geheel zelfstandig. Enkel in de zondagsklas «kunstschildering» van Jan-Willem Rosier vangt hij in het schooljaar 1899-1900 misschien enkele raadgevingen op omtrent schildertechniek.[6] Op vraag van vader Wouters superviseert de Mechelse beeldhouwer Théo Blickx Rik tijdens zijn studies aan de Academie. Vader Wouters zet voor Blickx ook een loon opzij, maar het geld wordt meestal door Rik zelf aangewend om verf te kopen.[7] Blickx ontpopt zich tot een bezielende mentor, die de persoonlijkheid van de jongeman wil doen openbloeien. Hij geeft hem praktische wenken m.b.t. het tekenen en klei boetseren, waarvoor hij een levend model ter beschikking stelt.

Vanaf eind 1900 vervolmaakt Wouters zich als beeldhouwer aan de Academie van Brussel. Uit die periode bleven zo goed als geen sculpturen bewaard. Voorbeelden van Wouters' schilderspogingen kwamen wel tot ons. Het gaat vooral om portretten, die getuigen van een bedachtzame opzet, typerend voor een autodidact. Wouters betracht in *Portret van een man* [cat. nr. 9] en *Kobe van Mechelen* [cat. nr. 6] een gelijkende weergave van het model. De uitdrukking blijft ernstig en gesloten. Zijn *Zelfportret* [cat. nr. 10] bezit door het licht-donkercontrast en de plechtige pose een zekere retoriek. Als weifelend debutant volgt hij de academische voorstellingsschema's. Eveneens traditioneel is het tonale modelé aan de hand van donkere kleuren. De nogal tamme schriftuur van verfrijke strepen oogt wat moeizaam. De jonge Wouters houdt van getemperde licht-

Avec le thème de l'être humain comme fil conducteur, nous examinerons ici l'évolution artistique de Wouters, en mettant l'accent sur son œuvre picturale. Cet aperçu nous ramène d'abord en 1894, époque à laquelle Wouters apprend la sculpture sur bois dans l'atelier de meubles de son père. De 1898 à 1901, il reçoit une formation de sculpteur à l'Académie de Malines, où il suit également des cours de dessin. En revanche, il s'essaie à la peinture de manière entièrement autodidacte. Il est toutefois probable qu'il ait reçu quelques conseils techniques généraux lors des leçons dominicales de «peinture artistique» dispensées par Jan-Willem Rosier au cours de l'année scolaire 1899-1900.[6] A la demande du père Wouters, le sculpteur malinois Théo Blickx supervise Rik durant ses études à l'Académie. Le père Wouters prévoit un salaire pour Blickx, mais il arrive souvent à Rik de dépenser lui-même cet argent pour acheter de la peinture.[7] Il trouve en Blickx un mentor et un inspirateur, qui tient à voir se développer pleinement la personnalité du jeune homme. Il lui donne des conseils pratiques en matière de dessin et de modelage de l'argile, et met à sa disposition un modèle vivant.

A partir de la fin de l'année 1900, Wouters poursuit ses études de sculpture à l'Académie de Bruxelles. Il ne subsiste pratiquement aucune œuvre de cette époque, mais quelques essais de peinture ont été conservés. Il s'agit surtout de portraits, qui témoignent de l'application réfléchie d'un autodidacte. Dans *Portrait d'homme* [cat. n° 9] et *Kobe de Malines* [cat. n° 6], Wouters s'efforce à reproduire fidèlement son modèle. L'expression demeure sérieuse et fermée. Son *Autoportrait* [cat. n° 10] possède, en raison du contraste clair/obscur et de la pose solennelle, une certaine force rhétorique. En débutant hésitant, il suit les schémas de représentation académiques. Tout aussi traditionnellement, le modelé tonal est basé sur des valeurs sombres. Les traits

spelingen zoals de maneschijn die over het motief een geraffineerde waas legt. Om in het doek *Een Sprookje* (nu verdwenen) een zilveren avondschemering te evoceren, bereidt hij delicate mengsels voor op zijn palet, die op het doek een fletse aanblik bieden. In de hoop zijn figuren toch nog in het parelmoerachtige licht te baden, plaatst hij toetsen in pure kleuren. Maar door de hernemingen wordt de kleurlaag zwaar en vermoeid. Nel Wouters wijst erop dat een overladen factuur hem in die periode vaak parten speelt.[8] Dat valt niet te verifiëren aangezien Wouters de doeken, die hem tegenvielen, heeft verbrand. Sentimentele motieven zorgden ervoor dat het eerste portret van zijn echtgenote intact bleef. In dat portret [cat. nr. 7] schept het koele licht een ijle sfeer, waarvan een bevreemdend effect uitgaat, zoals in eigentijdse symbolistische doeken. Nel is voorgesteld in profiel, met geheimzinnig gesloten ogen en haar bleke gelaatstrekken lijken lichtjes geabstraheerd. We merken hier een zekere onthechting aan de realiteit, die ook naar voren komt in het speels-melancholische *Portret van Dandois* [cat. nr. 8]. Dat hangt samen met Wouters' intimistische natuur, die in die periode op de voorgrond treedt. Hij trekt zich graag terug in de natuur of droomt weg in een ideële wereld, soms gevoed door literatuur. Hiervan getuigt het enigszins allegorisch-symbolische thema van *Een sprookje* (een kind wijzend naar de maan, die zich weerspiegelt in het water van een vijver, met aan de oever jonge naakte baadsters), alsook het kleine doek *Le Paradou*, dat ontstaat na lectuur van de roman «La faute de l'Abbé Mouret» van Emile Zola. Wouters' afwijzing van de directe omgeving als inspiratiebron reveleert een vasthouden aan academische denkbeelden.

De jaren 1906-1907 belichamen een fase van kentering, waarin Wouters stilaan stijlformules en onechte thema's afweert. Nel merkt op: *Rik spreekt me over zijn enorme walging van al die naakten geëxposeerd op de kunstsalons. [...] Hij had genoeg van die valse Olympos geëvoceerd door de moderne beeldhouwkunst. Een houthakker die in het woud zijn bijl heft, leek hem veel verhevener dan die bevroren Venussen*[9] en een tekening in zwart krijt van een man met een bijl [afb. 2] bewijst dat hij een dergelijk realistisch beeld inderdaad heeft overwogen.

Ook op picturaal vlak worstelt hij zich los uit het academische karkas. Er ontstaan enkele bescheiden stillevens

relativement timides, chargés de peinture, trahissent un effort ardu. Le jeune Wouters aime les jeux de lumière douce, comme le clair de lune qui jette sur le sujet un voile raffiné. Pour évoquer un crépuscule argenté dans *Un conte* (détruit), il prépare des mélanges subtils sur sa palette, qui, une fois posés sur la toile, prennent un aspect livide. Dans l'espoir de baigner malgré tout ses personnages d'une lumière nacrée, il ajoute des touches de couleurs pures. Mais les surpeints n'aboutissent qu'à une couleur lourde et lasse. Nel Wouters explique que cette facture surchargée joue des tours à Wouters au début.[8] Comme Wouters a brûlé les toiles qui ne lui plaisaient pas, cette affirmation est impossible à vérifier. Toutefois, pour des raisons sentimentales, le premier portrait de son épouse est demeuré intact. Dans ce portrait [cat. n° 7], la lumière froide crée une ambiance vide, qui produit un effet étrange, comme dans les toiles symbolistes de l'époque. Nel y est vue de profil, les yeux mystérieusement clos, et ses traits pâles semblent légèrement abstraits. Il y a dans cette toile un certain détachement de la réalité, que l'on retrouve aussi dans l'enjouement un peu mélancolique du *Portrait de Dandois* [cat. n° 8]. Ce détachement correspond à la nature intimiste de Wouters, qui émerge au cours de cette période. Il se réfugie volontiers dans la nature ou s'évade en rêve dans un monde idéal, parfois alimenté par la littérature. En témoignent le thème légèrement teinté de symbolisme et d'allégorie de *Un conte* (un enfant pointe le doigt vers la lune qui se reflète dans l'eau d'un étang, au bord duquel sont étendues de jeunes baigneuses nues), ainsi que la petite toile *Le Paradou*, composée après la lecture de «La faute de l'Abbé Mouret» d'Emile Zola. Le fait que Wouters refuse de puiser son inspiration dans son environnement direct révèle des conceptions académiques bien ancrées.

Les années 1906-1907 amènent un revirement: Wouters renie progressivement les formules stylistiques et les thèmes artificiels. Nel observe à cet égard: *Rik me dit son immense nausée de tous ces nus exhibés dans les salons d'art. [...] Il en avait assez de cette fausse Olympe évoquée par la sculpture moderne. Un bûcheron levant sa hache dans la forêt lui semblait plus grandiose que les Vénus frigorifiées*[9]. Un dessin à la pierre noire d'un homme avec une cognée [fig. 2] indique qu'il a effectivement songé à réaliser une sculpture aussi réaliste.

Afb 2   Rik Wouters, De houthakker
Fig 2   *Rik Wouters, Le bûcheron*
Ill 2   Rik Wouters, The lumberjack

en interieurs, van kleine afmetingen, waarin hij proefondervindelijk de reacties van de materie verkent. Vermoedelijk vanwege het experimentele uitgangspunt gebruikt Wouters voor deze studies goedkope dragers zoals karton en papier, hoewel ook zijn benarde financiële toestand hierin een rol kan spelen. Boven het gekunstelde van zijn vroegere portretten en openluchtcomposities verkiest Wouters nu de pretentieloze poëzie van Nel zittend in de tuin of strijkend in de woonkamer. Hij slaagt er nu in de kleur vloeiend op te brengen in pittige tegenstellingen. Hierdoor groeit zijn besef van de constructieve mogelijkheden eigen aan zuivere kleuropposities. Door een grotere spontaneïteit bieden veel werken uit 1907 een schetsmatige aanblik vol suggestie.[10] Markant is hoe de verf soms heel droog wordt uitgestreken. Dat verraadt Wouters' streven naar een luchtige factuur, die

Sur le plan pictural également, il se libère du carcan académique. Il compose plusieurs natures mortes et tableaux d'intérieur de petites dimensions, dans lesquels il explore de manière empirique les réactions de la matière. En raison probablement de ce point de départ expérimental, Wouters utilise pour ces études des supports bon marché, comme le carton et le papier, bien que sa fâcheuse situation financière ait pu jouer un rôle dans ce choix. A ses anciens portraits artificiels et à ses compositions de plein air, Wouters préfère désormais la poésie sans prétention de Nel assise dans le jardin ou repassant dans la salle de séjour. Il parvient désormais à appliquer la couleur avec fluidité, en contrastes vifs. Ce faisant, sa foi dans les possibilités constructives des contrastes de couleurs pures grandit. Grâce à une spontanéité plus grande, de nombreuses œuvres de 1907 nous offrent un aspect schématique très suggestif.[10] De manière frappante, la couleur est parfois appliquée très sèche. On sent ici Wouters à la recherche d'une facture aérée, en rapport avec son souhait de se forger un idiome personnel pour évoquer la lumière. A l'époque de Wouters, le succès du luminisme le réduit peu à peu à une formule à la mode. D'innombrables peintres occasionnels plongent systématiquement leurs tableaux dans un bain de lumière en y ajoutant une série de traits de couleurs vives. Cela se traduit par une facture lourde et avachie, que Wouters estime incompatible avec la poésie de la lumière environnante.

Wouters partage cette attitude critique vis-à-vis du luminisme qui s'étiole avec une multitude d'amis artistes, actifs sur la scène bruxelloise. A partir de l'été de 1907, la plupart d'entre eux, tels qu'Edgard Tytgat, Jean Brusselmans, Anne-Pierre de Kat, Fernand Verhaegen et Fernand Wéry, rendent visite à Wouters à Watermael-Boitsfort.[11] A la limite de Linkebeek, la villa «La Petite Fontaine» où habite le brasseur Frans Van Haelen, connaisseur et mécène artistique réputé, est un autre lieu de rencontre des «Fauves brabançons». Ils se rencontrent également à Auderghem, dans la villa du peintre Auguste Oleffe. Ce dernier exècre les règles académiques et ne jure que par la spontanéité et les sentiments instinctifs. Il est indubitable que le contact avec Oleffe a stimulé et accéléré le passage progressif de Wouters à une plus grande liberté d'expression. Les aquarelles de Ferdinand Schirren (de 1906), avec leurs taches de couleur pures et aériennes, ouvrent peut-être éga-

verband houdt met zijn wens om voor de evocatie van het licht een eigen idioom te smeden. In Wouters' tijd vervalt het succesrijke luminisme gaandeweg tot een modieuze formule. Talloze gelegenheidschilders dompelen het tafereel systematisch in een lichtbad door reeksen heldere kleurvegen aan te brengen. Dat resulteert in een logge factuur, die Wouters onverenigbaar acht met de poëzie van rondzwevend licht.

Die kritische houding tegenover het verziekte luminisme deelt Wouters met een schare bevriende kunstenaars, actief in het Brusselse. De meesten onder hen, zoals Edgard Tytgat, Jean Brusselmans, Anne-Pierre de Kat, Fernand Verhaegen en Fernand Wéry komen Wouters vanaf de zomer van 1907 te Watermaal-Bosvoorde opzoeken.[11] Een andere ontmoetingsplaats van die zgn. Brabantse Fauvisten is de villa Het Fonteintje, gelegen op de grens met Linkebeek en eigendom van de brouwer Frans Van Haelen, notoir kunstkenner en mecenas. Ze treffen elkaar eveneens te Oudergem in de villa van de schilder Auguste Oleffe. Die verfoeit de academische regels en zweert bij de waarde van het spontane, instinctieve aanvoelen. Ongetwijfeld heeft het contact met Oleffe Wouters' geleidelijke overgang naar een vrijere expressie gestimuleerd en bespoedigd. Ook de aquarellen van Ferdinand Schirren (uit 1906) met hun zuivere en vederlichte kleurvlekken openen voor Wouters misschien nieuwe inzichten. Het is echter niet zeker of hij ooit die gedurfde aquarellen heeft gezien. Ze worden in die jaren niet tentoongesteld en er onstaat een zekere rivaliteit tussen beide kunstenaars, wanneer Rik in 1905 huwt met Nel Duerinckx, Schirrens vroegere model en vriendin. Bovendien bezit *Le Paradou*[12], dat geheel buiten de eventuele invloedssfeer van Schirren tot stand is gekomen, reeds in de kiem alle kenmerken die in de doeken uit 1907 ontluiken.

Een ervaring waaruit Wouters zeker profijt haalt, is het wassen met inkt of waterverf van zijn pentekeningen. Een dergelijke pure aanwending van het medium, zuivert zijn oog verder van de delicate mengsels die hij realiseert in olieverf. Ook regelmatige bezoeken aan Brusselse kunstsalons o.a. van La Libre Esthétique verruimen zijn horizon. In zijn studies uit 1906 en 1907 duiken bepaalde analogieën op met doeken van Willem Paerels, Auguste Oleffe en Henri Evenepoel. Zo herinneren de warme kleurvlakken in *Interieur met twee mannen* (1907) aan bepaalde kroeg- en

lement Wouters à de nouvelles conceptions. Il n'est toutefois pas sûr qu'il ait jamais vu ces audacieuses aquarelles. En effet, elles ne sont pas exposées au cours de ces années et depuis 1905, il existe une certaine rivalité entre les deux hommes suite au mariage de Rik Wouters avec Nel Duerinckx, ancienne amie et modèle de Schirren. En outre, une toile comme *Le Paradou*[12] (mai 1905-juin 1906), créée incontestablement hors de toute influence possible de Schirren, possède déjà en germe toutes les qualités qui s'épanouissent dans les toiles de Wouters en 1907.

Le lavis à l'encre ou à l'aquarelle sur ses dessins à la plume constitue une expérience dont Wouters tire assurément profit. Cette technique où la matière est appliquée à l'état pur aura libéré son regard des mélanges délicats qu'il avait tâché de réaliser à l'huile. Des visites régulières aux salons d'art de Bruxelles, et notamment à La Libre Esthétique, élargissent son horizon. Dans ses études de 1906 et 1907, certaines analogies avec les toiles de Willem Paerels, d'Auguste Oleffe et d'Henri Evenepoel émergent. C'est ainsi que les surfaces de couleur chaudes d'*Intérieur, deux hommes* (1907) rappellent certaines scènes de taverne ou de rue d'Evenepoel, alors que la facture légère de la table évoque les premiers salons bourgeois de James Ensor. Wouters est plein d'admiration pour le raffinement avec lequel Ensor suggère dans ses toiles une lumière impalpable.

En 1908, son habileté technique s'est améliorée au point qu'il se sent prêt à se mesurer à son idole. Il peint toute une série de natures mortes magistrales et de superbes tableaux d'intérieurs, plus grands et d'une structure plus complexe, qui se rapprochent fortement du style d'Ensor.[13] Dans la *Dame en noir* [cat. n° 22], il consacre déjà toute son attention à la lumière tamisée qui révèle l'identité des choses tout en altérant leurs contours: la cheminée, le siège et le sol se dissolvent en points volatils, dépourvus de solidité. A l'instar d'Ensor, Wouters se passionne pour les métamorphoses des couleurs dans les ombres et les reflets, comme le reflet mauve que le vêtement de Nel projette sur son chapeau rouge. Pour indiquer les accents de lumière sur les mains et sur le petit vase, il pose au couteau à palette des rehauts blancs par-dessus un fond très mince. L'usage de cet instrument est inspirée par son admiration pour Ensor qui l'utilise en virtuose. Sur le mur éclairé derrière Nel dans la *Dame en noir*, la matière picturale est riche, appliquée en

straatscènes van Evenepoel, terwijl de losse schriftuur van de tafel naar James Ensors vroege burgersalons verwijst. Vooral de verfijning waarmee Ensor in zijn doeken een ontastbaar licht suggereert, wekt Wouters' bewondering op.

In 1908 is zijn technische bedrevenheid dermate toegenomen dat hij zich klaar voelt om de uitdaging aan te gaan met zijn idool. Hij schildert een aantal magistrale stillevens en interieurs van een groter formaat en een complexere opzet, die sterk bij Ensor aanleunen.[13] In *Dame in het zwart* [cat. nr. 22] gaat al zijn aandacht naar het gedempte licht, dat het bestaan van de objecten onthult, maar ze terzelfdertijd ook aantast: schouw, zetel en vloer vervluchtigen tot dansende stippen zonder soliditeit. Net zoals Ensor, volgt Wouters geboeid de koloristische metamorfoses als gevolg van schaduwen en reflecties b.v. de paarse weerschijnen die Nels kleed op haar rode hoed werpt. Om de lichtaccenten op de handen en het vaasje aan te geven, plaatst hij met een paletmes witte hoogsels bovenop de magere onderlaag. Het gebruik van dit schildersinstrument vloeit voort uit zijn ontzag voor de virtuoze paletmesfactuur van Ensor. De opgelichte muur achter Nel in *Dame in het zwart* toont een matièristisch ensemble van nerveus gezette toetsen. Die accentrijke, impulsieve wijze van schilderen met het paletmes verbindt Wouters met boegbeelden van het zgn. autochtoon impressionisme[14], zoals James Ensor, Auguste Oleffe, Guillaume Vogels en Louis Artan. Ook op koloristisch vlak sluit Wouters bij hen aan. Boven de zonnige effecten van luministen en pointillisten verkiest hij immers een herfstig palet van donkere kleuren.

De aandacht voor het licht betekent voor Wouters niet enkel het noteren van optische indrukken. In navolging van Ensor geeft hij het licht een meer geladen dimensie: het schept in *Portret van Rik met de zwarte hoed* (1908) een intimistische stemming, die bijdraagt tot de emotionele karakterisering van de figuur. Wouters gaat echter niet zo ver als Ensor, die vanuit zijn sterk individualistisch streven het licht een symbolische rol verleent. In Ensors doek *Sombere dame* (1881)[15] vervult het mysterieuze halfduister de kamer met een onbehaaglijke sfeer. De dame lijkt verstard door angst of verdriet. Het thema laat Ensor niet onberoerd, maar de relatie blijft afstandelijk. Ook Wouters' interieur in *Dame in het zwart* is gehuld in een clair-obscur, maar die verdringt geenszins de opgewektheid die van de vrouw uitgaat. Haar

touches nerveuses. Cette facture au couteau impulsive, pleine d'accents, relie Wouters aux grandes figures de ce qu'il est désormais convenu d'appeler l'impressionnisme autochtone[14], comme James Ensor, Auguste Oleffe, Guillaume Vogels et Louis Artan. Par ses coloris, Wouters adhère également à ce mouvement. Au-dessus des effets ensoleillés des luministes et des pointillistes, il opte en effet pour une palette automnale faite de couleurs plus foncées.

Etre attentif à la lumière signifie pour Wouters bien plus qu'une simple notation d'impressions optiques. Dans la foulée d'Ensor, il donne à la lumière un rôle plus significatif: elle crée dans le *Portrait de Rik au chapeau noir* (1908) une atmosphère intimiste, qui contribue à caractériser les émotions du personnage. Wouters ne va toutefois pas aussi loin qu'Ensor, qui, à partir de sa recherche très individualiste, octroie à la lumière un rôle symbolique. Dans *La dame sombre* d'Ensor (1881)[15], la semi-obscurité mystérieuse de la chambre crée une atmosphère de malaise. La femme semble figée par la crainte ou le chagrin. Sans être indifférent à son modèle, Ensor garde ses distances. La *Dame en noir* de Wouters est également plongée dans une demi-obscurité, mais celle-ci n'enlève rien à la gaieté qui émane de la femme. Son sourire désarmant interpelle spontanément le spectateur. Wouters s'exprime sans détours: dans sa toile, rien d'occulte, et la lumière n'indique aucun tourment intérieur comme chez Ensor. Dans le *Salon bourgeois* [fig. 3] de ce dernier, l'atmosphère paisible est troublée par de lourdes ombres. Des angoisses insoupçonnées émergent et les personnages sont isolés. En revanche, dans *Intérieur, deux personnes* (1909) [fig. 4] de Wouters, les personnages se tournent l'un vers l'autre comme pour converser et il règne une ambiance cordiale.

Malgré son enthousiasme pour les innovations de son confrère, Wouters n'est pas un épigone. Il ne tente jamais d'imiter le ton symboliste d'Ensor, aussi sa conception de l'être humain est-elle fondamentalement différente. Dans sa *Dame en noir*, Wouters a peu détaillé les plis du vêtement, afin de traiter le personnage comme une forme globale, au galbe tendu. Cette approche synthétique révèle son don pour la conception en masses larges, aiguisé par son activité de sculpteur. Il est possible que la pose monumentale soit inspirée des tableaux de genre de Vermeer ou de Rembrandt, dans lesquels des femmes sont assises de profil.

ontwapenende lach klinkt de toeschouwer spontaan tege-
moet. Wouters drukt zich direct uit: in zijn doek schuilt
geen raadsel, noch wordt het licht tot drager van innerlijke
tourmenten. In Ensors *Burgersalon* [afb. 3] verstoren zware
schaduwen de vredige atmosfeer. Onvermoede angsten duiken op en de figuren lijken vereenzaamd. In Wouters' *Interieur, twee personen* (1909) [afb. 4] daarentegen zijn de figuren naar elkaar gewend als converserend en heerst een
gemoedelijke stemming.

De vurige bewondering voor zijn baanbrekende collega doet Wouters niet vervallen in epigonisme. Nooit poogt
hij Ensors symbolistische inhoud na te bootsen. Vandaar
ook het verschil in conceptie van de menselijke figuur. In
Dame in het zwart heeft Wouters de plooien van het kleed
weinig gedetailleerd om de figuur te behandelen als een globale entiteit van een gebalde vormspanning. Die synthetische aanpak verraadt een talent voor het ontwerpen in brede
massa's, die Wouters aanscherpt door zijn sculpturale activi-
teit. Mogelijk heeft hij zich voor het motief van de groots
gearticuleerde figuur gebaseerd op 17de-eeuwse genretafe-
relen van Vermeer of Rembrandt waar vrouwen in profiel
zitten. Dichterbij in de tijd staat het *Portret van de schilders
moeder* (1871) [afb. 5] van James Abbot McNeill Whistler,
waarmee *Dame in het zwart* veel affiniteit vertoont.
Wouters bezat een reproductie van Whistlers schilderij
[afb. 6] en een zekere beïnvloeding is niet uit te sluiten.
Toch valt op hoe Wouters de vrouw in een elliptische contour opneemt, waardoor de vormgeving iets organisch verkrijgt. Whistlers benadering is, net als die van Ensor, louter
beschrijvend.

In tegenstelling tot Ensor beperkt Wouters de struc-
tuurvernietigende invloed van het licht. Hij vrijwaart de
stevigheid van de figuren en streeft naar een hechte opbouw.
Meer dan Ensor heeft wellicht Oleffe -die vaak boeiende
composities opzet- Wouters geïnspireerd tot een dynamische beeldschikking. Frappant hierbij is een polarisering
tussen diepte-creatie en vlakmatige weergave. In *Dame in
het zwart* schept hij de illusie van een kamervertrek. Hij
plaatst de vrouw echter niet binnen die ruimte, maar vooraan zodat ze op een decor gekleefd lijkt. Ondanks de statische figuur zit de voorstelling vol gedrevenheid door de ritmisch in elkaar vloeiende contouren. De brede curve van
de figuur wordt opgevangen en uitgebalanceerd door de

Afb 4   Rik Wouters, Interieur, twee personen, 1909
Fig 4   *Rik Wouters, Intérieur, deux personnes, 1909*
Ill 4   Rik Wouters, Interior, two figures, 1909

Plus près dans le temps, nous retrouvons le *Portrait de la
mère du peintre* (1871) de James Abbot McNeill Whistler
[fig. 5], avec lequel la *Dame en noir* présente de nombreuses
affinités. Wouters possédait une reproduction de la peinture de Whistler [fig. 6] et une certaine influence n'est pas à
exclure. On remarquera cependant que Wouters a cerné son
personnage d'une ligne elliptique, qui donne à l'image un
aspect organique. L'approche de Whistler est, comme celle
d'Ensor, purement descriptive.

Contrairement à Ensor, Wouters limite l'effet destruc-
teur de la lumière sur la structure. Il préserve la robustesse
de ses personnages et vise à obtenir une structure solide.
Plus qu'Ensor, Oleffe - à qui l'on doit des compositions très
réfléchies - a probablement inspiré à Wouters ce dynamisme de l'image. On constate à cet égard une remarquable
polarisation entre la suggestion de la profondeur et le travail de surface. Dans la *Dame en noir,* il crée l'illusion d'un
espace rationnel - dans ce cas-ci, la chambre. Mais au lieu
de situer son personnage dans cet espace, il le place devant,
si bien qu'il semble collé sur un décor. Malgré l'attitude statique de la femme, le rythme des contours qui se fondent
l'un dans l'autre donne à l'image une grande vivacité. La
large courbe de la silhouette est reprise et équilibrée par la

Afb 3   James Ensor, Burgersalon, 1881
Fig 3   *James Ensor, Le salon bourgeois, 1881*
Ill 3   James Ensor, The bourgeois salon, 1881

Afb 6   Nel poserend voor Rik in hun huisje te Bosvoorde, 1907-1908
Fig 6   *Nel posant pour Rik dans leur maison à Boitsfort, 1907-1908*
Ill 6   Nel posing for Rik in their house at Bosvoorde, 1907-1908

convergerende silhouetlijn van de zetel, waarvan de proporties worden overdreven. Aldus vormt het meubel een tegenvolume voor de massieve gestalte en fungeert het als brug tussen voor- en achtergrond. Het belet a.h.w. dat de vrouw vooraan van het doek schuift. Hetzelfde ambigue ruimtegevoel heerst in *Interieur, twee personen*. In een aantal -aan deze compositie te relateren- tekeningen [cat. nr. 67b] verschijnt de huiskamer in zijn totaliteit en eenduidig driedimensionaal. In het schilderij verkiest Wouters het beeld lager af te snijden en de vloer te hellen zodat de ruimtelijkheid vermindert. Hierdoor domineren de figuren het beeldvlak, temeer daar Wouters de scène op ooghoogte weergeeft en niet vanuit ruiterperspectief zoals Ensor.

Naast de krachtmeting met Ensor, gaat Wouters tijdens de periode 1908-1911 in enkele experimentele doeken op zoek naar meer synthese in de uitvoering. *Portret van Rik met zwarte fluwelen jas* (1908) b.v. komt zeer gezwind tot stand, in één creatieve ontlading, zonder voorbereidende aanlegtekening.[16] Het paletmes dient hier niet om laag boven laag te metselen, maar om de verf vlug open te strijken tot brede halen, die een torso uitbeelden. Onder de flinterdunne vegen blijft het doek zichtbaar en weerkaatst het licht. Nog directer van realisatie zijn enkele figuurstukken uit 1910 en 1911, waarvoor Wouters het paletmes achterwege laat en met penselen op een nagenoeg grafische manier tewerk gaat.[17] In *Vrouw gezeten voor een open venster*[18] [cat. nr. 90] wijken de geblokte toetsen ten voordele van ritselende lijnen, afgewisseld met snedige arceringen en punten. Het is Wouters' verknochtheid aan de realiteit, die hem tot een dergelijke flitsende techniek voert, geëigend om elk beeld dat zijn oog prikkelt, dadelijk te fixeren. Maar ook het najagen van een vlekkerige verfopbreng, die als een rode draad doorheen zijn vroege oeuvre loopt, blijft aanwezig en culmineert in 1911. De vernieuwing van doeken zoals *Portret van Karel Wouters*, *Kind met fopspeen* en *Portret van Rik (zonder hoed)* ligt in het feit dat Wouters de verf nu meer met terpentijn verdunt. Bij een juiste dosering van deze media behoudt de kleur zijn diepte, terwijl de verf een grotere vloeibaarheid verkrijgt. Met zijn penseel spaarzaam gedrenkt in dit vluchtig mengsel, kan Wouters nu lijnen trekken van een even grote souplesse als in een tekening. Bovendien strijkt hij die magere verf sterk uit zodat het schilderslinnen onder de kleur zichtbaar blijft en fun-

Afb 5   James Abbot McNeill Whistler, Portret van de schilders moeder (1871)
Fig 5   *James Abbot McNeill Whistler, Portrait de la mère du peintre (1871)*
Ill 5   James Abbot McNeill Whistler, Portrait of the artist's mother (1871)

ligne convergente qui cerne le fauteuil, dont Wouters a exagéré les proportions. Le meuble forme un contrepoids à la masse du personnage, et fait office de pont entre le premier plan et la profondeur de l'intérieur. Cela empêche effectivement la femme de glisser hors de la toile. Le même sensation d'un espace ambigu règne dans *Intérieur, deux personnes*. Dans quelques dessins [cat. n° 67b] relatifs à cette composition, la salle de séjour apparaît dans sa globalité, en trois dimensions sans équivoque. Dans le tableau, Wouters préfère couper l'image plus bas et incliner le sol afin de diminuer la suggestion de profondeur de la pièce. Les personnages dominent ainsi le plan de l'image, d'autant plus que Wouters n'adopte pas la perspective cavalière chère à Ensor, mais présente la scène à hauteur des yeux.

Entre 1908 et 1911, non content de se mesurer à Ensor, Wouters crée quelques toiles expérimentales dans lesquelles il se met en quête d'une manière de peindre plus synthétique. *Portrait de Rik à la veste de velours noir* (1908) par exemple est peint d'un seul jet, avec beaucoup d'aisance, sans mise en place préalable.[16] Dans ce cas, le couteau à palette ne sert plus à maçonner des couches superposées, mais à étaler rapidement la couleur des larges traits qui composent le torse. Sous les traits de pinceau extrêmement légers, la toile demeure visible et renvoie la lumière. De manière encore plus directe, quelques personnages des années 1910 et 1911 voient Wouters abandonner le couteau à palette et travailler au pinceau de façon presque graphique.[17] Dans *Femme assise devant une fenêtre ouverte*[18] [cat. n° 90], les touches carrées font place à des traits vibrants, alternant avec des hachures et des points acérés.

geert als een lichtreflector zoals het papier in een aquarel. Die evolutie is beslissend voor Wouters' unieke schildertechniek en lijkt door de kunstenaar ook bewust nagestreefd. Hiervoor pleit de specifieke woordkeuze, waarmee hij in 1911 een schilderij van Henri de Braekeleer becommentarieert: *heel vloeiend als een in olie geschilderde aquarel.*[19] De grillige schrifuur van fluïde streepjes, die sommige van De Braekeleers late werken kenmerkt, heeft Wouters allicht scherp opgemerkt!

Wouters unifieert het schilderen en het aquarelleren zoveel mogelijk en betrekt in dat proces zelfs even het tekenen. In *Naakt in een rieten zetel* (1911) [cat. nr. 88] schept het gedoezelde krijt dunne kleurzones van een even grote luminositeit als in het gelijknamige schilderij. Wouters is de enige in het België van toen, die op een dergelijke ingrijpende wijze de lichtende mogelijkheden van de drager benut. Net als bij zijn luministische voorgangers gonst de figuratie van het licht, maar het doek wordt niet verstikt in een zware verfbrij. Precies de vlekkerige schraalheid van zijn kleurpartijen veroorzaakt hun luminositeit. Dat is origineel maar niet helemaal nieuw: in Frankrijk komt een immateriële factuur reeds voor op het einde van de 19de eeuw bij Paul Cézanne en Paul Gauguin. Sinds 1909 informeert S. Lévy zijn Belgische vriend over Cézanne. Diens aandacht voor een stevige compositie spreekt Wouters sterk aan en tegen 1911 is hij helemaal in de ban van de Franse meester. Dat verklaart wellicht de verder doorgedreven vormdefiniëring en solidere opbouw, die Wouters' schilderijen vanaf 1911 kenmerken. In *Portret van Rik met wit hemd* (1911) [afb. 7] treft de nadrukkelijke vormgeslotenheid van de manfiguur. Ook de afgewogen, vlakmatige opbouw -hoewel niet echt nieuw- refereert misschien aan Cézanne. De schemerige ruimte van de 'Ensor-interieurs' wordt nu opengebroken door de persoon aan het raam te plaatsen. Het licht overspoelt *Portret van Rik met wit hemd* en wordt opgeroepen in frisse kleuren, die ver afstaan van het omfloerste palet van de Ensoriaanse composities. De expressie van de kleur verhoogt b.v. in *Portret van Rik zonder hoed* (1911): de uitdagende tinten als blauw, purper en donkergroen suggereren uitstekend het gelaatsvolume door ingenieus in te spelen op de koele en warme eigenschappen van de kleur. Ook *De zandgroeve* (1909-1910) bewijst Wouters' kennis van de architectonische mogelijkheden van de kleur.

C'est l'attachement de Wouters à la réalité qui le conduit à cette technique étourdissante, propre à capter instantanément toute image qui accroche son oeil. Mais sa recherche d'une facture en taches, qui caractérise tout le début de son œuvre, se poursuit et culmine en 1911 dans des toiles comme le *Portrait de Karel Wouters*, *L'enfant à la sucette* et le *Portrait de Rik (sans chapeau)*, où l'innovation réside dans le fait que Wouters dilue ses couleurs en augmentant la proportion de térébenthine. Un dosage précis de ces ingrédients permet à la couleur de conserver sa profondeur, tout en donnant plus de fluidité à la peinture. En trempant parcimonieusement son pinceau dans ce mélange subtil, Wouters peut dorénavant tracer des traits aussi souples que ceux d'un dessin. Il étale encore cette peinture déjà mince jusqu'à ce que la toile demeure visible sous la couleur et qu'elle réfléchisse la lumière autant que le papier dans une aquarelle. Cette évolution déterminante dans la technique très personnelle de Wouters semble du reste être le fruit d'une recherche consciente. Cette impression est confirmée par les termes spécifiques avec lesquels il commente en 1911 une œuvre de Henri de Braekeleer: *peint de façon très fluide, comme une aquarelle à l'huile.*[19] L'écriture capricieuse, en traits coulés, qui caractérise certaines œuvres tardives de De Braekeleer, a manifestement impressionné Wouters!

Wouters transpose donc autant que possible la technique de l'aquarelle en peinture, et n'hésite pas à incorporer le dessin à sa démarche. Dans l'*Esquisse de nu au fauteuil d'osier* (1911) [cat. n° 78], la pierre noire est estompée jusqu'à obtention de zones de couleurs vibrantes, aussi lumineuses que celles du tableau du même nom. A son époque, Wouters est seul en Belgique à exploiter aussi radicalement les possibilités lumineuses du support. Comme chez ses prédécesseurs luministes, la lumière fait vibrer la toile, mais celle-ci n'étouffe plus sous un brouet de couleurs épaisses. C'est précisément la légèreté des taches de couleur qui leur donne leur luminosité. Il s'agit d'une approche originale, même si elle n'est pas entièrement nouvelle: une facture dématérialisée apparaît en France dès avant la fin du 19ème siècle chez des artistes comme Paul Cézanne et Paul Gauguin. Depuis 1909, Simon Lévy parle à son ami belge de l'œuvre de Cézanne. Wouters est très frappé par cette quête nouvelle de puissance dans la composition et, en 1911, il tombe entièrement sous le charme du maître français. Ceci

Afb 7   Rik Wouters, Portret van Rik met wit hemd (1911)
Fig 7   *Rik Wouters, Portrait de Rik à la chemise blanche (1911)*
Ill 7   Rik Wouters, Portrait of Rik in a white shirt (1911)

In 1912 kan Wouters dankzij het succes van zijn tentoonstelling in de Galerij Giroux een reis naar Parijs maken,
waar hij oog in oog staat met de nieuwste stromingen.
Geconfronteerd met de kleurenweelde van de Franse
impressionisten, komt hij vanaf 1912 tot een meer algemene toepassing van stralende kleuren. Hij schildert nu ook
meer in openlucht: vrouwen met parasols in zonovergoten
dreven, vooral in het Zoniënbos. Dankzij Giroux beschikt
Wouters sinds 1911 over een krediet in de schilderszaak van
F. Mommen en kan zijn koortsige werkdrang zich helemaal
uitleven. In 1912 schildert hij 28 doeken, waarin een vrouwenfiguur voorkomt, vaak verdiept in een of andere bezig-
heid: lezend, bloemen schikkend, kijkend door het raam,
strijkend enz.[20] Die tedere aandacht voor de vrouw deelt hij
met Auguste Renoir, op wiens kunst hij te Parijs heel opge-
togen reageert. Renoir echter is meer terughoudend en
schildert nooit de blik van de vrouw als een vraag of een
uitdaging aan de toeschouwer. Zijn beschermde wereld is
steeds strikt begrensd tot de lijst van het schilderij. Bij
Wouters wordt een brug geslagen uit de besloten wereld
van het doek naar de kijker toe. In *Portret van Mevrouw Rik
Wouters* kijkt Nel ons innig aan. Haar uitdrukking heeft
iets hartstochtelijks en toont openlijk de sterke band tussen

explique peut-être la définition des formes et la structure
plus solides qui caractérisent l'œuvre de Wouters à partir de
1911. Dans le *Portrait de Rik à la chemise blanche* (1911)
[fig. 7], le personnage masculin est d'une compacité remarquable. De même, la structure réfléchie, traitée en surface -
sans être tout à fait neuve - pourrait être dérivée de
Cézanne. Wouters dynamise la pénombre de ses «intérieurs
ensoriens» en plaçant le personnage devant une fenêtre. La
lumière inonde le *Portrait de Rik à la chemise blanche* et s'exprime en couleurs fraîches, bien loin des tons voilés de ses
compositions ensoriennes. Le coloris est exalté: dans le *Portrait de Rik (sans chapeau)* (1911), par exemple, les couleurs
audacieuses - tels que le bleu, le pourpre et le vert foncé -
suggèrent parfaitement le volume du visage en jouant astu-
cieusement des propriétés froides et chaudes de la couleur.
La sablonnière (1909-1910) démontre également que
Wouters maîtrise les possibilités architectoniques de la
couleur.

En 1912, Wouters peut enfin, grâce au succès rempor-
té par son exposition à la Galerie Giroux, entreprendre un
voyage à Paris, où il découvre les tendances nouvelles.
Confronté aux couleurs chatoyantes des impressionnistes
français, il revient à partir de 1912 à un usage plus général
des couleurs vives. Désormais, il peint plus souvent en plein
air: des femmes avec des parasols dans une campagne inon-
dée de soleil, essentiellement dans la Forêt de Soignes. Grâce
à Giroux, Wouters dispose depuis 1911 d'un crédit chez le
marchand de peinture F. Mommens et il peut donner libre
cours à toute sa fièvre de travail. Il peint en 1912 vingt-huit
toiles où figure une jeune femme, souvent absorbée par
l'une ou l'autre activité: elle lit, crée un bouquet, regarde
par la fenêtre ou repasse.[20] Il partage cette tendre attention
pour la femme avec Renoir, dont l'art l'avait enthousiasmé
lors de son passage à Paris. Renoir est cependant plus réser-
vé et ne permet jamais au regard de la femme d'interroger
ou de défier le spectateur. Son monde protégé est toujours
strictement limité au cadre du tableau. Chez Wouters, un
pont est jeté entre le monde fermé de la toile et le spectateur. Dans le *Portrait de Madame Rik Wouters*, Nel nous attire dans son intimité. Son expression a quelque chose de
passionné, affichant ouvertement le lien étroit qui l'unit à
Rik. Renoir choisit méticuleusement ses modèles et leur fait
prendre la pose dans un environnement parfois très raffiné.

Rik en Nel. Renoir kiest zorgvuldig zijn modellen en legt hen poses op in een soms geraffineerde omgeving. Hij beleeft een bijna fysiek genot aan elke penseelstreek die verder het lichaam van de vrouw boetseert. Wouters plukt spontaan beelden uit zijn dagelijkse leefcontext en wil de charme van het moment fixeren d.m.v. een uiterst snelle en summiere methode van «tekenend schilderen».

Die aanpak dwingt Wouters om het uiterste te eisen van zijn materialen. Het penseel moet soepel en veerkrachtig zijn want hij hanteert het met de lenigheid van een vlot tekeninstrument. Het schilderslinnen, b.v. het absorbante doek mag de verf niet teveel laten indringen omdat op die manier doffe vlekken ontstaan zoals in *Portret van Ernest Wijnants, eerste staat* (1912) [cat. nr. 57]. Daarom probeert hij in 1912 ook niet-absorberend, half- en extra-fijn doek uit. Hij prepareert die doeken ook zelf zodat hij controle verwerft over hun zuigkracht. Hierbij kiest hij voor witte of licht-beige grondlagen in uiterst zuivere olieverf, die het lichtweerkaatsend vermogen van de drager vergroten. Door zijn vele proeven met verf, penseel en doek overwint Wouters in het najaar van 1912 alle technische problemen. Er ontstaan grandioze werken zoals *De opvoeding A en B, Interieur D of Dame in het blauw met amberhalssnoer* en *Verjaringsbloemen*. Het lijken transparante kleurgordijnen, die het licht opzuigen en reflecteren, ook in de meer donkere partijen. Hierdoor verdwijnt de indruk dat een gedempt licht de kamer opdeelt in een lichte en donkere zone zoals in vroegere doeken. Door de luminositeit van zijn factuur lijkt het nu alsof de figuratie wordt geactiveerd door een licht dat voortkomt uit het schilderij zelf (inwendig licht). Toch verschijnen nog clair-obscur-effecten b.v. op de gezichten, waardoor het lijkt alsof een reële lichtbron van buitenaf de voorstelling beschijnt (uitwendig licht). Die tegenstelling heft Wouters niet op omdat hij zoals de impressionisten, het licht ervaart als een optische kracht, die in interactie treedt met het motief. In *Portret van Ernest Wijnants, tweede staat* [cat. nr. 58] b.v. geeft hij aan hoe het licht van rechts op de man valt en zijn ene gelaatshelft in het duister hult. De figuur werpt een brede slagschaduw af op de zetel, waardoorheen onderaan een enkele lichtvlek priemt. Wouters voelt zich aangesproken door scènes die baden in het licht. Vandaar dat hij vaak spiegels, kaders, globes en ramen afbeeldt die het spel van weerkaatsingen

Il éprouve un plaisir presque physique à chaque coup de pinceau qui façonne plus avant le corps de la femme. Wouters cueille au vol les images de sa vie quotidienne et cherche à fixer le charme du moment au moyen d'une «peinture dessinée» extrêmement rapide et sommaire.

Cette approche contraint Wouters à exiger le maximum de son matériel. Le pinceau doit être souple et plein de ressort, car il le manie avec autant de légèreté que ses instrument de dessin. La toile absorbante ne peut laisser pénétrer trop de couleur, ce qui provoquerait l'apparition de taches de couleur mates, comme dans le *Portrait d'Ernest Wijnants, premier état (*1912) [cat. n° 57]. C'est pourquoi il essaie en 1912 une toile non absorbante, mi-fine ou extra-fine. Il prépare d'ailleurs ses toiles lui-même, de manière à pouvoir contrôler leur pouvoir d'absorption. Il choisit pour cela des couches de base blanches ou légèrement beiges dans un liant d'huile très pur, qui augmentent le pouvoir réfléchissant du support. En automne 1912, après de nombreux essais de peinture, de pinceau et de toile, Wouters est parvenu à maîtriser tous ses problèmes techniques. Il produit dès lors des œuvres grandioses comme *L'éducation A* et *B, Intérieur D ou Dame en bleu au collier d'ambre* et *Fleurs d'anniversaire*. Elles se présentent comme des rideaux diaphanes, qui absorbent et reflètent la lumière, même dans les parties les plus sombres. De ce fait, l'impression qu'une lumière tamisée divise la pièce en une zone claire et une zone plus sombre - comme c'était le cas dans les toiles précédentes - disparaît. La luminosité de sa facture est telle que l'image semble éclairée depuis l'intérieur même du tableau (lumière interne). Des effets de clair-obscur apparaissent toutefois encore, par exemple sur les visages, qui suggèrent une source de lumière réelle, venue de l'extérieur (lumière externe). Wouters laisse subsister cette ambivalence, parce qu'à l'instar des impressionnistes, il ressent la lumière comme une donnée optique, qui entre en rapport avec le motif. Dans le *Portrait d'Ernest Wijnants, deuxième état* [cat. n° 58] par exemple, il indique comment la lumière tombe de la droite sur l'homme, en laissant la moitié du visage dans l'obscurité. Le personnage lui-même jette largement son ombre sur le fauteuil d'osier, à travers lequel perce une unique tache de lumière. Wouters est attiré par les scènes qui baignent littéralement dans la lumière. C'est pourquoi il représente souvent des miroirs, des cadres, des globes et des fenêtres, qui

nog opvoeren. Hierdoor heerst in zijn interieurs een sprankelende lichttrilling, die plastisch ontstaat door de schetsmatige werkwijze: de vlekken en vegen gaan niet naadloos in elkaar over, maar ertussen blijven plekjes doek ongerept. Als witte accenten verlevendigen ze de kleurzones en versterken nog de idee van licht dat circuleert. In veel van Wouters' doeken vinden we die vibratie in steeds wisselende gradaties terug, waardoor de voorstelling varieert van formeel vast tot gedesintegreerd. Aan het uiteinde van de laatste pool staan *De strijkster* (1912) en *Interieur E* (1912). Hier gaat de lichtfeeërie zover dat sommige objecten hun soliditeit verliezen en bepaalde partijen informeel worden. In andere doeken blijven de kleurvlekken binnen afgebakende zones zodat de lichttrilling vermindert en het beeld meer vastheid verkrijgt. Als voorbeeld van de meer constructieve tendens noemen we *De opvoeding B* (1912) en *Verjaringsbloemen* (1912) met een gebalde compositie, steunend op quasi gesloten kleurvlakken.

In 1913 ervaart Wouters zijn enthousiasme voor het noteren van lichtspelingen als beperkend. Die zelfkritiek past in een meer algemeen ongenoegen: Wouters evalueert zijn scheppingsproces als te slaafs gebonden aan de realiteit. Hij heeft in die periode veel contacten met Ensor, wiens buste hij boetseert. Geconfronteerd met deze 'spirituele sfinx' verwijt hij zichzelf een gebrek aan geestelijke diepgang en lef om het onderwerp te interpreteren hierbij puttend uit zijn verbeelding. Hij lucht zich in een brief aan Lévy: *niets bevalt me en ik heb altijd zin om gewoon iets uit het geheugen te doen of enkele schetsen uit te werken. En dan begin ik te aarzelen en gaat de tijd voorbij en elke ochtend tracht ik me te overtuigen dat men toch niet altijd de dingen hoeft te schilderen die men voor ogen heeft.*[21] Wouters' artistieke crisis ontspint zich op een moment dat het kubisme en futurisme doorbreken. Hoewel hij die progressieve bewegingen op de korrel neemt, doen ze hem ongetwijfeld het a-revolutionaire van zijn persoonlijke visie scherp inzien in zoverre zelfs dat hij tijdens de zomer van 1913 zijn grenzen verlegt en in *Het ravijn B, De herfst* [afb. 8] en *Roze laan B* het realistisch natuurbeeld enigszins loslaat. Voor *De herfst* maakt Wouters eerst tekeningen en aquarellen op verschillende lokaties.[22] Op het schilderij voegt hij die sites samen tot een denkbeeldig geheel. De blik springt vrij van het ene fragment naar het andere, waarbij het raadselachtig blijft

accentuent encore le jeu des reflets. Il règne ainsi dans ses intérieurs un frémissement lumineux et étincelant, qui vient d'une facture proche de l'esquisse: les taches et les traits ne se fondent pas les uns dans les autres mais laissent paraître un peu de toile nue. Celle-ci forme des accents de couleur blanche qui ravivent les zones de couleurs et renforcent encore l'idée de la circulation de la lumière. On retrouve souvent chez Wouters cette vibration, poussée à des degrés divers; l'image peut garder une certaine solidité des formes ou arriver à la limite de la désintégration. A cette extrémité de la gamme, on trouve *La repasseuse* (1912) et *Intérieur E* (1912). La féérie de la lumière va si loin que certains objets perdent leur consistance, créant des zones informelles. Dans d'autres toiles, les taches de couleur sont confinées à des zones bien délimitées, ce qui réduit le frémissement lumineux et donne plus de solidité à l'image. Dans la tendance plus constructive, on peut citer *L'éducation B* (1912) et *Fleurs d'anniversaire* (1912), dont la composition serrée repose sur des zones de couleurs presque fermées.

En 1913, Wouters ressent son enthousiasme pour les jeux de lumière comme une limite à sa créativité. Cette autocritique s'inscrit dans le cadre d'un mécontentement plus général: Wouters estime en effet que son processus créatif est trop dépendant de la réalité. A cette époque, il est souvent en rapport avec Ensor, dont il modèle un buste. Confronté à ce «sphinx spirituel», il se reproche de manquer de profondeur intérieure et de n'avoir pas l'audace d'interpréter le sujet en puisant dans son imagination. Il s'en ouvre dans une lettre à Lévy: *Rien ne me plaît et j'ai toujours envie de faire des choses simplement de mémoire ou d'exécuter certains croquis en les développant. Et alors je commence à hésiter et le temps passe et chaque lendemain je tâche de me convaincre qu'il ne faut tout de même pas toujours peindre les choses qu'on a sous les yeux.*[21] La crise artistique de Wouters surgit au moment où émergent le cubisme et le futurisme. Bien qu'il trouve à redire à ces mouvements progressistes, il lui font indubitablement prendre conscience du caractère non-révolutionnaire de sa vision personnelle, au point qu'il se décide, en été 1913, à élargir son champ stylistique dans des tableaux comme *Le ravin B, L'automne* [fig. 8] et *L'allée rose B*, et à se détacher jusqu'à un certain point de l'image réaliste de la nature. Pour *L'automne*, Wouters réalise tout d'abord des dessins et des aquarelles sur différents sites.[22]

Afb 8   Rik Wouters, De herfst (1913)
Fig 8   *Rik Wouters, L'automne (1913)*
Ill 8   Rik Wouters, Autumn (1913)

hoe de vrouw zich ruimtelijk tot de omgeving verhoudt. Licht-interferentie tussen de figuur en het buitengezicht, zoals nog aangeduid in de interieurs uit 1912, is hier quasi onbestaande. Het lijkt alsof Wouters op een lichtend vlak louter door lijn- en kleurindicaties de figuratie activeert. Het licht wordt geabsorbeerd door de kleur, die een echte uitbarsting kent en in sommige secties zelfs haar objectgebonden karakter verliest (b.v. de helgele velden). Naast de kleur, wint ook de lijn aan autonomie en dient een opmerkelijk decoratief doel. Let b.v. op de bijna ornamentele stilering van de rode kleurzone achter de vrouw en de arabesken van de plant. Het statische van de vrouwenfiguur verrast en haar onpeilbare blik bevreemdt. Het gezicht werd ietwat uitgelengd en bovendien zijn de trekken nogal geschematiseerd. Het iconografisch onvatbare en de bizarre kleurengloed maken *De herfst* tot een buitengewoon fascinerend en apart schilderij.

In 1914 ontstaan nog *Baadsters in het woud*, *Personages in het sparrenbos* en *Schets, lezende vrouw liggend in het woud*, die zich niet zoals de andere creaties enten op de directe observatie. Wouters was van plan wandtapijten te laten weven naar die doeken.[23] In welke mate die intentie de vormgeving bepaalde, blijft onzeker. In elk geval kenschetst het Wouters' wending naar een meer decoratieve opvatting. Zijn aquarellen en pastels voor de theaterdecors van Klein Duimpje met hun vrijere benadering van kleur en ruimte spelen hierbij misschien een katalyserende rol. Ook voor de tapijtontwerpen uit 1914 baseert Wouters zich op aquarellen en tekeningen van de figuren [cat. nr. 35] en het landschap. Voor de aquarel *Personages in het woud* [afb. 9] laat hij Nel poseren nabij de vijvers van Groenendaal[24] en schept uit de fantasie een geanimeerde groep van zeven vrouwenfiguren. Uniek voor zijn picturaal werk is hoe de personages hier hun individualiteit prijsgeven door een stoutmoedige vereenvoudiging. Ze smelten samen met de natuurelementen tot één zingend geheel van kleur en licht, bijna zoals in fauvistische werken.

Bij Matisse en zijn lotgenoten vormt de schok die het motief teweegbrengt het begin van een opwindend picturaal avontuur. Gaandeweg komt de zichtbare wereld op de achtergrond en primeert de innerlijke beleving, uitgedrukt door de vrijgevochten beeldende middelen. Uiteindelijk zijn zìj het die bepalen welk effect het doek op de

Dans son tableau, il fusionne ces sites en un tout imaginaire. L'oeil se promène librement d'un passage à l'autre, si bien que le rapport entre le personnage féminin et l'espace environnant reste indéfini. La lumière extérieure qui éclairait encore les personnages dans les tableaux d'intérieur de 1912 est pratiquement inexistante ici. Wouters donne l'impression d'animer ses personnages sur une surface lumineuse par elle-même, par quelques indications de trait et de couleur. La lumière est absorbée par la couleur, qui explose littéralement et va jusqu'à perdre, dans certaines parties, son lien avec l'objet (par exemple dans les champs jaune vif). Outre la couleur, la ligne aussi conquiert son autonomie et joue un rôle étonnamment décoratif. Un bon exemple en est la stylisation quasi-ornementale de la zone de couleur rouge derrière la femme, ainsi que les arabesques de la plante. L'immobilité du personnage, son regard insondable, surprennent et intriguent. Le visage est un peu allongé et les traits sont assez schématisés. L'aspect insaisissable de l'iconographie et l'éclat inaccoutumé des couleurs, font de *L'automne* un tableau inclassable et extraordinairement fascinant.

En 1914, Wouters produit encore des œuvres telles que *Baigneuses en forêt*, *Personnages dans la sapinière* et *Esquisse, liseuse en bleu couchée en forêt* qui, contrairement aux autres, ne sont pas basées sur l'observation directe. A ce sujet, il est intéressant de noter que Wouters a songé à faire tisser des tapisseries d'après ces tableaux.[23] On ignore si cette idée lui est venue dès leur genèse et a déterminé leur esthé-

Afb 9   Rik Wouters, Personages in het woud (1913)
Fig 9   *Rik Wouters, Personnages en forêt (1913)*
Ill 9   Rik Wouters, Figures in the forest (1913)

toeschouwer heeft. Bij Wouters winnen lijn en kleur aan eigenheid, maar ze dienen nog steeds de weergave van het natuurbeeld, al is het op een gesubjectiveerde wijze. Symptomatisch hiervoor is Wouters' trouw aan de suggestie van ruimte en volume. Zijn patroon van spankrachtige curves is niet enkel decoratief, maar ordent tevens de voorstelling. In *De herfst* zijn de huisjes ontworpen als kubusjes die zich ritmisch aan elkaar schakelen en de blik in de diepte leiden. Van een laterale expansie zoals in fauvistische doeken, die zijn samengesteld uit 'aplats', is geen sprake. Ook wanneer Wouters irreële tinten aanwendt, blijven ze, naar Cézannes model, het reliëf van de vorm aangeven b.v. in *Portret van Simon Lévy* (1913) [cat. nr. 89]. Het verleent Lévy's blik een vitale indringendheid die een scherpe wederzijdse waarneming verraadt. In *Portret van Derain* (1905)[25] van Matisse oogt het gezicht als een plat vlak. De uitdrukking resideert vooral in de verlokkende kleur. Zonder aarzelen deformeert Matisse de natuurlijke vormen om in *Blauw naakt* (1907)[26] een abstracte gestalte te scheppen van een bijna ornamentale kracht. Ook Wouters' *Naaktstudie, vrouw aan haar haartooi* (1912) verrast door haar eenvoud, maar dat vloeit voort uit het jachtige van de realisatie. Het naakte vrouwenlichaam is van vlees en bloed, de huid zindert in het licht en de zinnelijkheid is pregnant. Vanuit zijn beeldhouwersopleiding blijft Wouters verliefd op de tastbare vorm. Zelfs in de imaginaire werken uit 1913 zoals *Personages in het sparrenbos* ontbinden de lichamen van de baadsters zich niet tot egale kleurstippen zoals in *Schets voor «La joie de vivre»* (1905)[27], maar behouden ze een gebouwdheid die refereert aan Cézanne. Matisse verschaft zijn uitgezuiverde structuur een euritmie waarmee hij een zinnelijk welgevoelen evoceert, die de concrete werkelijkheid ontstijgt. Tot zijn hoekstenen behoren de zuivere kleur, de vrije arabesk en het ornamentele vlak. Al die ingrediënten komen eveneens voor in *Portret van Mevrouw Wouters* (1912), maar ze krijgen geen zelfstandige waarde. Ze bouwen een intimistisch interieur, zij het laaiend van kleur en gevoel.

Wouters' toegenomen aquarelactiviteit (in 1913) leidt tot de verdere uitzuivering van zijn olieverftechniek, die zich openbaart in een reeks doeken uit 1914 waaronder *De fluitspeler* en *Vrouw in het blauw voor de spiegel*. Ze getuigen van een trefzekerheid zonder voorgaande en een superieur synthese-gevoel. Terwijl de factuur vroeger varieerde van

tique. Quoi qu'il en soit, ce projet marque un pas vers une vision plus décorative. Ses aquarelles et ses pastels pour les décors de scène du «Petit Poucet», avec leur approche plus libre de la couleur et de l'espace, ont également pu jouer un rôle de catalyseur. Pour ses projets de tapisserie de 1914, Wouters se base aussi sur des aquarelles et des dessins représentant des personnages [cat. n° 35] et des paysages. Pour l'aquarelle *Personnages en forêt* [fig. 9], il fait poser Nel près des étangs de Groenendael.[24] A partir des différentes poses de son modèle, Wouters tire de son imagination un groupe très animé de sept personnages féminins. Ce qui restera unique dans son œuvre, c'est l'audacieuse simplification qui dépouille ces personnages de leur identité. Ils se fondent dans la nature pour constituer un ensemble chantant de couleur et de lumière, assez proche du fauvisme.

Chez Matisse et ses amis, le choc de la rencontre avec le motif est le point de départ d'une passionnante aventure picturale. Peu à peu, le monde visible passe à l'arrière-plan pour faire place à la vie intérieure, exprimée en traits et en couleurs qui ont conquis leur autonomie. Ce sont ceux-ci qui, en définitive, déterminent l'effet du tableau sur le spectateur. Chez Wouters aussi ils acquièrent une vie propre, mais ils restent au service d'une image de la nature, si subjectivée qu'elle soit. La fidélité de Wouters à la suggestion de l'espace et du volume est symptomatique à cet égard. La tension de ses courbes n'est pas uniquement décorative, elle sert également à ordonner la composition. Dans *L'automne*, Wouters fait des maisons une suite rythmique de petits cubes, qui guident le regard vers la profondeur du tableau. Pas question d'expansion latérale comme dans les toiles des Fauves, qui sont constituées d'aplats. Même lorsque Wouters fait usage de couleurs irréelles, elles suggèrent les reliefs à la manière de Cézanne, comme dans le *Portrait de Simon Lévy* (1913) [cat. n° 89]. Cela donne au regard pénétrant de Lévy une vitalité qui révèle chez le peintre et le modèle une conscience aiguë de leur présence mutuelle. Dans le *Portrait de Derain* (1905)[25] de Matisse, le visage semble réduit à une surface plane. L'expression réside essentiellement dans la couleur séduisante. Matisse n'hésite pas à déformer les formes naturelles pour créer dans le *Nu bleu* (1907)[26] une silhouette abstraite, d'une grande puissance décorative. Si l'*Etude de nu, femme se coiffant* de Wouters (1912) surprend également par sa simplicité, celle-ci décou-

zeer mager tot lichtjes smeuïg, slaagt hij er nu in de verfopbreng over nagenoeg het gehele doek even doorzichtig te houden. Als gevolg hiervan bezitten alle kleurschakeringen eenzelfde verzadigingsgraad en verwezenlijkt Wouters een vorm van chromatisch modelé. Zijn initiële kennis van de architecturale mogelijkheden van de kleur heeft zich duidelijk geperfectioneerd door veel te aquarelleren en het contact met de kunst van Cézanne. Door het gebruik van fijner doek met een matter uitzicht verdwijnt het spoor van de realisatie en vloeien de vlekken samen tot een gesloten kleurzone. Hierdoor wekken de zones ongerept gelaten doek, b.v. in *De fluitspeler,* niet langer de indruk dat de vorm door een lichttrilling wordt aangetast, maar krijgen ze een constructieve functie. Niets verstoort nog de conceptie dat de drager zelf een stabiel licht genereert, waarin de voorstelling tot leven komt door kleurvariaties. Het licht als sfeerschepper, dat met de figuratie in interactie treedt, is in de doeken uit 1914 opgeheven. Dat betekent echter niet dat Wouters' voorliefde voor de charme van het rondzwevende lichtspel is uitgedoofd. Hij blijft spiegels, kaders, globes en ramen weergeven, waarin zich een wild spel van bonte reflecties ontplooit. Steeds gevat binnen hun lijst dynamiseren ze de compositie zonder er de gedegen opbouw van te ondermijnen. Precies omdat in Wouters' gehele oeuvre een streven schuilt het vrij agerende lichtspel te koppelen aan een duurzame vormgeving, nemen we hem op binnen het post-impressionisme[28], waartoe in Frankrijk Vincent van Gogh, P. Cézanne en P. Gauguin behoren.

Vooral de kunst van Cézanne heeft Wouters sterk geïntrigeerd. Cézanne moedigt hem aan zijn onderwerp plastisch te herleiden tot een krachtig samenspel van vlakken en volumes. Op dat punt is een doek als *De opvoeding B* duidelijk schatplichtig aan Cézannes *Portret van Gustave Geffroy* (1895-96)[afb. 10], waarvan een grote reproductie sinds 1911 in Wouters' eetkamer hing.[29] Toch is de overeenkomst niet totaal! In de *Opvoeding B* zijn alle onderdelen met elkaar vervlochten in een elliptische beweging. Die vestigt de aandacht op Nel als centrale spil rond wie de compositie in lyrische arabesken roteert. De compacte totaalstructuur kent een bruisend verloop dat schitterend de zinnelijke teneur van het doek ondersteunt en sterk contrasteert met het geometrisch patroon waarop *Portret van Geffroy* is gegrondvest. Terwijl Wouters kiest voor oplossin-

le toutefois de la prestesse de l'exécution. Le corps nu de la femme est fait de chair et de sang, la peau s'embrase dans la lumière et la sensualité est prégnante. Formé à la sculpture, Wouters reste amoureux des formes tactiles. Même dans les œuvres imaginaires de 1913 telles que *Personnages dans la sapinière,* les corps des baigneuses ne se décomposent pas en touches de couleur égales comme celles de l'*Esquisse pour «La joie de vivre»* (1905)[27]; ils gardent un caractère construit qui renvoie à Cézanne. Matisse donne à sa structure dépouillée une eurythmie qui évoque un bien-être charnel et s'élève au-dessus de la réalité concrète. Les clés de voûte de son œuvre sont la couleur pure, l'arabesque libre et la surface ornementale. Tous ces éléments se retrouvent dans le *Portrait de Madame Rik Wouters* (1912), mais ils ne reçoivent aucune valeur autonome. Ils bâtissent un intérieur intimiste, si bouillonnant de couleur et de sentiment qu'il soit.

Une pratique plus fréquente de l'aquarelle conduit Wouters en 1913 à une épuration plus poussée de sa peinture à l'huile, qui se révèle dans une série de toiles datées de 1914, dont *Le flûtiste* et *La dame en bleu devant la glace.* Ces toiles témoignent d'une suprême justesse et d'un sens de la synthèse supérieur. Alors que sur une même toile la touche variait précédemment du très maigre au légèrement crémeux, Wouters parvient ici à maintenir la transparence de la couleur sur toute la surface de la toile. En conséquence, toute la gamme des couleurs est saturée au même degré et Wouters peut créer une sorte de modelé chromatique. Sa pratique assidue de l'aquarelle et son intérêt pour Cézanne ont manifestement contribué à améliorer sa connaissance initiale des possibilités architecturales de la couleur. L'usage d'une toile plus fine, à l'aspect plus mat, lui permet d'effacer toute trace de son travail et de fondre les taches de couleur en une surface bien fermée. Les zones de toile vierge, dans *Le flûtiste* par exemple, ne donnent plus l'impression que la vibration de la lumière agit sur les formes; leur fonction devient constructive. Rien ne vient plus perturber l'idée que le support génère lui-même une lumière stable, au sein de laquelle les variations de couleurs animent la représentation. La lumière, celle qui détermine l'ambiance et agit sur le sujet, a disparu des toiles de 1914. Cela ne veut pas dire que les jeux d'une lumière virevoltante aient perdu leur charme pour Wouters. Il continue à peindre miroirs, cadres, globes et fenêtres, où les reflets dansent en

Afb 10   Paul Cézanne, Portret van Gustave Geffroy (1895-96)
Fig 10   *Paul Cézanne, Portrait de Gustave Geffroy (1895-96)*
Ill 10   Paul Cézanne, Portrait of Gustave Geffroy (1895-96)

gen vol ongetemde dynamiek, zoekt Cézanne de verschillende bewegingsimpulsen te neutraliseren. Wouters deelt geenszins Cézannes bedachtzame methode, maar gaat impulsiever te werk, ook op koloristisch vlak. Zoals bij Van Gogh hebben Wouters' kleuren een zintuiglijke uitstraling en vaak een gevoelsgeladen karakter. Het wit in *De zieke vrouw met witte sjaal* (1912) verleent het personage iets kwetsbaars, in *De rode gordijnen* (1913) draagt het intense rood een tomeloos, bijna exuberant levensgevoel uit. Qua uitvoering verraadt Wouters' nerveuze handeling een intense overgave, die we niet aantreffen bij Cézanne. Precies omdat elke indicatie, hoe vluchtig ook, een modellerende aspiratie bezit, trilt de drift van de uitvoering in elke vezel van het schildersdoek. De jas van Simon Lévy [cat. nr. 89] oogt als een symfonie van vlekken, toetsen en borstelstrepen, gejaagd neergestreken in een uitgelaten cadans. Lineaire en picturale elementen smelten harmonieus samen. Het verklaart waarom de figuur een pertinente voluminositeit bezit, maar niet die bonkigheid zoals bij Cézanne, die zijn vlekken omgordt met donkerder contouren. Wouters gaat niet over tot die geometrisering waarmee Cézanne het leven laat stollen. In *Portret van Mevrouw Wouters* pulseert onvervalste levensenergie, geladen met intense sensualiteit.

tons bigarrés et joyeux. Bien confinés dans leur cadre, ils dynamisent la composition sans affecter la solidité de sa construction. C'est précisément parce que Wouters tente, dans tout son œuvre, d'allier la liberté de la lumière à une forme durable, que nous estimons pouvoir l'intégrer au postimpressionnisme[28] qui réunit en France des artistes comme Van Gogh, Cézanne et Gauguin.

C'est surtout l'art de Cézanne qui a attiré Wouters. Cézanne l'encourage à synthétiser son sujet en un concert expressif de surfaces et de volumes. A cet égard, une toile comme *L'éducation B* est clairement tributaire du *Portrait de Gustave Geffroy* (1895-96) [fig. 10] de Cézanne, dont une grande reproduction orne la salle à manger des Wouters dès 1911.[29] L'analogie n'est toutefois pas totale. Dans *L'éducation B,* Wouters lie les différents éléments en un seul mouvement elliptique qui attire magistralement le regard sur Nel, point central autour duquel toute la composition pivote en arabesques lyriques. La structure compacte crée un parcours effervescent qui souligne brillamment la sensualité du tableau, et contraste fortement avec la construction géométrique du *Portrait de Geffroy.* Alors que les solutions de Wouters sont pleines d'un dynamisme indomptable, Cézanne cherche à neutraliser tout appel au mouvement. Wouters n'applique en aucun cas la méthode réfléchie de Cézanne, il procède de manière plus impulsive, même dans le domaine des coloris. Comme celles de Van Gogh, les couleurs de Wouters ont un rayonnement palpable et prennent souvent un caractère affectif. Le blanc de *La malade au châle blanc* (1912) donne au personnage quelque chose de vulnérable, alors que le rouge intense des *Rideaux rouges* (1913) exprime un sens de la vie qui touche à l'exubérance. La touche nerveuse de Wouters révèle un intense abandon qu'on ne retrouve pas chez Cézanne. C'est précisément parce que chaque touche, si fugitive qu'elle soit, doit contribuer au modelé, que tant de passion vibre dans le moindre recoin de la toile. La veste de Simon Lévy [cat. n° 89] devient une symphonie de taches, de touches et de traits tirés d'un pinceau vif et cadencé. Les lignes et les couleurs se fondent en un tout harmonieux. C'est pourquoi le personnage est doté d'un volume si pertinent, mais sans le caractère massif que lui donnerait Cézanne en cernant ses taches de contours plus foncés. Wouters n'est pas tenté par la géométrisation qui fige la vie chez Cézanne. Le *Portrait*

Cézanne drukt op de figuren een beklijvende stempel o.a. door ze een bewegingsloze pose op te leggen. Wouters vangt zijn handelende personages in soepele, labiele houdingen. Nooit hebben ze iets hiëratisch zoals bij Cézanne. Onder diens handen verkrijgen de personages een monumentale grandeur: ze lijken onttrokken aan ruimte en tijd, en stralen een majestatische rust uit. Tegenover de suggestie van het eeuwige, plaatst Wouters het stilzetten van zijn intieme wereld op een subliem moment. De glans van dit uitgelezen ogenblik, fonkelt na in het finale schilderij, waarin zijn initiële emotie voelbaar blijft. Ook Cézanne vertrekt vanuit de realiteit en de emotie die hij ervoor voelt, maar op het doek zoekt hij er niet de tijdige verschijning van uit te beelden, maar haar oergedaante: solide en onvergankelijk. Via een minutieus proces van essentialisering ontstaat een beeld waarin zijn emoties getransponeerd en enigmatisch vervat liggen.

Dat wezenverschil met Cézanne heeft Wouters allicht ook zelf doorgrond. Onder de latente invloed van Cézanne twijfelt hij ook wel eens aan de waarde van zijn scheppingsmodel zoals we vernemen uit Nels aantekeningen: *... songeant aux multiples séances que Cézanne mettait à faire un tableau, convaincu qu «le vite vu est vite fait» devenait insuffisant pour sa façon de s'exprimer. Il avait comme une honte de cette étonnante habileté qu'il avait.*[30] Door het stenografische van Wouters' techniek blijven vaak delen van het doek onbeschilderd. Een groot deel van het toenmalige publiek blijkt onrijp voor deze niet-geëgaliseerde en schrale factuur, die haaks op hun clichébeeld staat van het weelderig geborstelde schilderij. Zou de galerist Giroux hem hebben aangespoord om uit commercieel oogpunt zijn doeken conventioneler af te werken? In elk geval zijn er geen aanwijzingen dat Giroux Wouters ooit onder druk zette en anderzijds had Wouters reeds voor de ondertekening van het contract (op 15 april 1912) twijfels omtrent het doorwrochte van zijn schilderijen. Dat bewijst een brief van 20 mei 1911: *Mijn grote bekommernis is nu hoe de manier te vinden om een schilderij te beginnen en het volledig af te werken. Ik geloof dat dit de beste preoccupatie is. Op die wijze is er altijd meer in zo'n schilderij te zien, want vlug gezien is vlug geschilderd, zoals men zegt.*[31] Zelfs in knappe schilderijen als *Portret van Ernest Wijnants, tweede staat* en *Dame in het blauw met amberhalssnoer* is hij niet overtuigd te zijn geslaagd.[32] Misschien wordt

de Madame Rik Wouters est plein de force vitale, chargée d'énergie et d'intense sensualité. Cézanne imprime aux personnages un sceau inaltérable, notamment en leur imposant une attitude immobile. Wouters surprend ses personnages en action, dans des attitudes souples et instables. Ils n'ont jamais le hiératisme de Cézanne. Celui-ci dote ses personnages d'une grandeur monumentale: soustraits au temps et à l'espace, ils rayonnent d'un calme majestueux. Face à cette suggestion d'éternité, Wouters capte son monde intime dans un moment sublime. L'éclat de cet instant exquis illumine encore la version définitive, dans laquelle son émotion initiale demeure perceptible. Cézanne aussi part de la réalité et de l'émotion qu'elle provoque en lui, mais, sur la toile, il n'en exprime pas une vision temporelle, mais plutôt la forme originale, inébranlable et immortelle. Par un minutieux processus de réduction à l'essentiel, il fait naître une image dans laquelle ses émotions sont transposées de manière plus énigmatique.

Wouters a probablement compris lui-même cette différence essentielle entre Cézanne et lui. Sous l'influence latente de Cézanne, il lui arrive de douter de la valeur de sa vision créative, comme en témoignent les notes de Nel:*... songeant aux multiples séances que Cézanne mettait à faire un tableau, [il était] convaincu que «le vite vu est vite fait» devenait insuffisant pour sa façon de s'exprimer. Il avait comme une honte de cette étonnante habileté qu'il avait.*[30] En raison de l'aspect sténographique de la technique de Wouters, il arrive fréquemment que certaines parties de la toile demeurent vierges de toute peinture. Dans sa majorité, le public de l'époque n'était pas préparé à cette facture discontinue et clairsemée, opposée aux clichés d'un tableau richement peint. Le propriétaire de la galerie Giroux aurait-il encouragé Wouters, dans un but commercial, à parachever ses toiles de manière plus conventionnelle ? La question reste ouverte. Rien n'indique en tout cas que Giroux ait exercé la moindre pression sur le peintre dans un sens ou dans l'autre et, d'autre part, Wouters avait déjà eu des doutes quant à la finition de ses tableaux avant de signer le contrat le 15 avril 1912. En témoigne une lettre du 20 mai 1911: *Ma grande préoccupation maintenant est de trouver la façon de commencer un tableau et d'aboutir à sa réalisation complète. Je crois que c'est la meilleure préoccupation. De cette façon, il y a toujours plus à voir dans un tel tableau car vite vu est vite fait*

Wouters' scepsis ook gevoed door de kritiek in sommige eigentijdse persberichten dat de uitbeelding in zijn doeken te grof blijft.

De hedendaagse toeschouwer daarentegen appreciëert in Wouters' schilderijen precies de frisheid van een onbevangen schets. Door de transparante factuur ontstaat een luchtig ogend schilderij-oppervlak, dat na bijna honderd jaar niets aan jeugdige allure heeft ingeboet. Bovendien verleent die «open factuur» het schilderij een bijzondere levendigheid: het is alsof de genese ervan zich telkens weer voltrekt onder het oog van de kijker. Deze conceptie impliceert een zeldzame vormbeheersing en trefzekerheid, die Wouters heeft verworven dankzij de kruisbestuiving tussen zijn activiteiten als beeldhouwer, tekenaar en schilder. Het beeldhouwen maakt hem vertrouwd met de kleinste onderdelen van het menselijk lichaam, terwijl tekenen het domein is, waarin hij zijn hand oefent in het snel en raak fixeren van de vorm. Ondanks haar beknoptheid biedt de tekening - dankzij Wouters' ervaring met het geknede volume- een overtuigende vormsuggestie.

Het aantal overgeleverde schetsen van Wouters is overdonderend en getuigt van zijn passie voor dit medium. Hij tekende onophoudelijk met een vreemd soort bezetenheid, zelfs in de gekste situaties b.v. op het dak van zijn nog onvoltooide huis, onder de wapens met zijn regiment te Lier of in het ziekenhuis. Uit de stroom onderwerpen die Wouters in zijn tekeningen vangt, springt er vaak één uit waaraan hij een schilderij wijdt. Vandaar dat er voor veel schilderijen ook tekeningen en aquarellen zijn aan te wijzen, waarin het thema geheel of fragmentair is vastgelegd. Eerder dan in zijn schilderijen voelt Wouters zich vrij om op grafisch vlak allerlei stijlen te exploreren. *Gefantaseerd portret* [cat. nr. 62] b.v. komt door zijn expliciete facettering over als een persiflage op het kubisme. In *Schippers met bootshaak* [cat. nr. 37] en *Hollandse dienstmeiden* [cat. nr. 36], komt hij tot oplossingen waar ook de kubisten en futuristen, naast de expressionisten mee experimenteren. Vooral *Schippers met bootshaak* is op een nieuwe manier in het vlak gebracht. De vervorming van de gezichten, de hoekige silhouetten en de graad van stilering wijzen hier onmiskenbaar op het aanboren van een ongekende expressiviteit.

Toch is Wouters nooit overgegaan tot een radicale deformatie van het natuurbeeld zoals de Duitse expressio-

dit-on mon vieux.[31] Même dans des œuvres aussi réussies que le *Portrait d'Ernest Wijnants, deuxième état* et *Dame en bleu, collier d'ambre,* il n'est pas convaincu d'y être parvenu.[32] Il est possible que les doutes de Wouters aient été aiguisés par certains commentaires critiques dans la presse de l'époque, dans lesquels la facture de ses toiles est jugée trop grossière.

Pour l'observateur contemporain, en revanche, c'est justement la fraîcheur et la spontanéité d'esquisse qui font le charme des tableaux de Wouters. La facture transparente donne à la surface une légèreté qui, près de cent ans après, n'a rien perdu de son allure juvénile. Cette facture «ouverte» doue en outre le tableau d'une vitalité particulière: c'est comme si le tableau se recréait à chaque fois sous les yeux du spectateur. Cette conception implique une maîtrise et une précision rares, acquises grâce à une triple expérience de sculpteur, de dessinateur et de peintre. La sculpture a familiarisé Wouters avec les moindres éléments du corps humain, le dessin a exercé sa main à capter les formes avec rapidité et précision. Grâce à son sens du modelé des volumes, son dessin, si concis qu'il soit, parvient à suggérer la forme de manière tout à fait convaincante.

Le nombre étourdissant d'esquisses qui nous sont parvenues témoigne de la passion de Wouters pour cette discipline. Il dessine sans cesse avec une étrange passion, jusque dans les situations les plus inattendues: du toit de sa maison inachevée, sous les armes avec son régiment à Lierre ou encore à l'hôpital. Souvent, dans le flot continu de ses croquis, un sujet s'impose, et il en fait une toile. Pour de nombreux tableaux, on connaît ainsi des dessins et des aquarelles dans lesquels le thème est développé en tout ou en partie. Plus que dans sa peinture, Wouters s'y sent libre d'explorer des styles différents. *Portrait fantaisiste* [cat. n° 62] par exemple apparaît, en raison de sa structure explicite en facettes, comme une sorte de pastiche du cubisme. Dans *Bateliers à la gaffe* [cat. n° 37] et *Bonnes hollandaises* [cat. n° 36], il tente des expériences qui attireront aussi non seulement les expressionnistes mais les cubistes et les futuristes. La mise en œuvre très en surface des *Bateliers* est particulièrement nouvelle. La déformation des visages, les silhouettes anguleuses et le degré de stylisation indiquent sans aucun doute possible l'émergence d'une expressivité inconnue.

Pourtant, Wouters ne va jamais jusqu'à une distorsion

nisten. Er schuilt in zijn werk geen primitief geweld of een dweperij met etnische kunst zoals bij de leden van 'Die Brücke'. De sfeer is veel luchtiger en weerspiegelt meestal een onbezorgd contact met de werkelijkheid. Zijn naaktte-keningen tonen een vrijmoedige visie, maar bezitten niet die rauw-erotische kracht van de Duitsers. Niettemin heb-ben Wouters' tekeningen een manifeste moderniteit omdat er een zelfbewuste aanwending van de beeldmiddelen uit spreekt. Het spoor van een arabesk, sensueel glanzend in gitzwarte inkt op het witte papier is interessant op zich -los van de vormimitatie- en herinnert door haar calligrafische kwaliteit aan Japans-Chinese inktschilderijen. Even oosters is Wouters' zoeken naar een stringente vereenvoudiging door eliminatie. Hij wil de vorm in zijn volheid weergeven, niet door elk detail haarfijn te beschrijven, maar door een globale synthese. De verbeelding van de toeschouwer dient de luttelige lijnen en arceringen te activeren tot mensen, dingen, lichtsprankels... Wouters merkt hierover zelf op: *Men moet tekenen zonder aarzelen [...] en als een lijn niet valt zoals men wil, herbegint men. Men moet leren klaar te zien, en te tekenen zoals men schrijft, zeggen in een sobere lijn wat men te zeggen heeft.*[33] Steeds zoekt hij naar die ene lijn die «alles zegt». Soms ontsnapt de vorm en waaiert de contour-lijn uit, met een broeierige tekening vol grafische wirwar als gevolg. Maar in andere gevallen volstaat één elastische boog om een hele beweging of een figuur op te roepen. Dat zoe-ken naar uiterste synthese loopt parallel in zijn tekeningen en schilderijen.

Vooral in de bladen uit 1915 bereikt hij vaak een magistrale zeggingskracht met een minimum aan middelen. Die versobering vinden we ook terug in de schilderijen uit die tijd en dient in relatie gebracht met zijn tanende gezondheid. Sinds september 1915 verblijft hij geregeld in het ziekenhuis. De ziekte ondermijnt volledig zijn krachten en noodgedwongen schakelt hij over op een nog kernachti-ger stijl.[34] Het koloriet versombert: gedempte akkoorden van rood, grijsblauw en een koel groen overheersen b.v. in *Vrouwenportret met wit tulen lijfje* (1915). Die tendens manifesteerde zich reeds in de aquarellen, die hij in het legerkamp te Zeist (najaar 1914-mei 1915) vervaardigde. De indruk van een zonovergoten scène verdwijnt. Het spel van weerschijnen die de kledij iets doorschijnends gaf, kan Wouters nu niet meer boeien. Hij concentreert zich op de

radicale de la réalité, à l'instar des expressionnistes alle-mands. Aucune violence primitive, aucune exaltation de l'art ethnique ne se cache dans ses œuvres, comme chez les peintres de Die Brücke. L'ambiance est bien plus légère et reflète la plupart du temps un contact insouciant avec la réalité. Ses dessins de nus témoignent d'une vision libre et franche, mais dénuée de la puissance érotique brute que l'on trouve chez les peintres allemands. L'usage assuré et conscient des moyens graphiques leur donne pourtant une modernité évidente. La trace d'une arabesque à l'encre noire, luisant avec sensualité sur le papier blanc, est intéres-sante en soi - abstraction faite de tout lien avec une forme réelle - et rappelle, par sa qualité calligraphique, les pein-tures à l'encre chinoises et japonaises. La quête d'une sim-plification radicale par le biais de l'élimination a également un aspect oriental. Wouters cherche à rendre la forme dans toute sa plénitude, non en décrivant chaque détail par le menu, mais en parvenant à une synthèse globale. C'est dès lors à l'imagination du spectateur d'animer ces quelques traits et hachures pour recréer êtres humains, objets ou éclats de lumière. Wouters observe lui-même à ce propos: *Il faut dessiner sans hésiter [...] et, si une ligne ne vient pas comme on le veut, on recommence. Il faut apprendre à voir clair et dessiner comme on écrit, dire sobrement avec une ligne ce qu'on a à dire.*[33] Il recherche toujours ce trait unique «qui dit tout». Il arrive parfois que la forme lui échappe et que le contour s'égare, et le dessin étouffe alors sous l'entrelacs des lignes. Ailleurs en revanche, une courbe puissante suffit à évoquer un mouvement complet ou un personnage entier. Cette recherche d'une synthèse poussée à l'extrême se pour-suit en parallèle dans ses dessins et ses peintures.

C'est essentiellement dans les dessins de 1915 qu'il atteint une éloquence magistrale, avec un minimum de moyens. On retrouve la même sobriété dans les tableaux de cette époque et cette évolution n'est pas sans rapport avec sa santé chancelante. Depuis septembre 1915, il séjourne en effet régulièrement à l'hôpital. La maladie sape toutes ses ressources physiques et, par la force des choses, son style se fait encore plus lapidaire.[34] Les coloris s'assombrissent: des accords tamisés de rouge, de gris bleu, voire un vert froid, dominent comme dans le *Portrait de femme, corsage de tulle blanc* (1915). Cette tendance est déjà présente dans les aquarelles réalisées au camp militaire de Zeist (automne

Afb 11   Rik Wouters, Rik met de zwarte ooglap (1915)
Fig 11   *Rik Wouters, Rik au bandeau noir (1915)*
Ill 11   Rik Wouters, Rik with the black eye-patch (1915)

menselijke figuur, die een massiever en forser uitzicht verkrijgt o.a. door de hoekiger lijnvoering, b.v. in *De zieke vrouw met witte sjaal* [cat. nr. 46]. De toenemende schematisering legt aperter de vlakverdeling bloot die het schilderij schraagt. Door de figuren vooraan het beeldvlak weer te geven in verkorting b.v. in *Zomernamiddag* [cat. nr. 47], bereikt hij monumentale effecten barstensvol dynamiek. In *Rik met de zwarte ooglap* [afb. 11] wordt de helling naar links van de figuur afgewogen door de diagonaal van het rode gordijn en de zetelrand onderaan. Die elkaar kruisende, stuwende assen brengen vaart binnen de voorstelling en verhogen de dramatische impact van het doek. De onverbloemde wijze waarop Wouters hier zijn persoonlijk drama schildert, geeft het werk een diep-menselijke teneur, die weinigen onberoerd laat. Dit schilderij is de ultieme illustratie dat bij Wouters mens en werk één zijn, maar dat ze niet steeds een vrolijk pact sluiten.

Precies omdat Wouters de in het onderwerp beleefde emotie op een sprekende wijze voelbaar maakt, kunnen we gewagen van een expressionistische attitude. Dat gebeurt met een onnavolgbare directheid waardoor het creatie-proces geen abstrahering impliceert zoals bij de fauves of Cézanne. Dat verklaart de uitzonderlijke gevoelsechtheid van Wouters' oeuvre, die meteen zijn unieke bijdrage vormt aan de moderne schilderkunst in België.

1914 - mai 1915). L'impression d'une scène baignée de soleil disparaît. Le jeu des reflets qui donnait aux vêtements quelque chose de transparent n'intéresse plus Wouters. Toute son attention va à la figure humaine, qu'il dessine plus massive et robuste, notamment par des lignes plus anguleuses, comme dans *La malade au châle blanc* [cat. n° 46]. La schématisation croissante nous fait mieux percevoir la division des surfaces qui construit le tableau. Il rapproche encore ses personnages de la surface et les montre en raccourci comme dans l'*Après-midi d'été* [cat. n° 47]; le résultat est souvent d'une monumentalité qui déborde de dynamisme. Dans *Rik au bandeau noir* [fig. 11], l'inclinaison du personnage vers la gauche est équilibrée visuellement par les diagonales du rideau rouge et du bas du fauteuil. La poussée de ces deux axes croisés crée le mouvement dans cette image statique en soi, et renforce l'aspect dramatique de la toile. La franchise avec laquelle Wouters peint son drame personnel donne à l'œuvre une profonde humanité, à laquelle on ne peut rester insensible. Cette toile illustre une dernière fois le fait que chez Wouters, l'homme et l'œuvre ne font qu'un, même si leur pacte n'est pas toujours joyeux.

C'est l'éloquence avec laquelle Wouters peint l'émotion qu'il a ressentie devant le sujet qui permet de parler d'une attitude expressionniste. Il l'exprime avec une inimitable immédiateté, dans laquelle le processus créateur n'implique pas d'abstraction comme chez les Fauves ou chez Cézanne. Ainsi s'explique l'exceptionnelle vérité des émotions qui émane de l'œuvre de Wouters et forme sa contribution unique à l'art moderne en Belgique.

1   Met dank aan mijn vriend Nikolaas Demoen voor het kritisch nalezen van de tekst.
2   Meer informatie over deze en alle verder in de tekst vermelde werken van Rik Wouters in S. Hautekeete, *Rik Wouters. Ontwikkeling en betekenis van het picturale oeuvre*, Antwerpen, 1997, pp. 247-252. (Simultaan verschenen franstalige editie *Rik Wouters, Développement et portée de son œuvre peint*. Vertaling door N. Trouveroy). Deze studie is gebaseerd op mijn licentiaatsverhandeling *Stijlanalyse van Rik Wouters' picturaal oeuvre*, RUG, 1988.
    Tenzij anders verantwoord in de tekst nemen we voor de schilderijen, in principe, de titels en dateringen over uit O. Bertrand, *Rik Wouters. Les Peintures: Catalogue raisonné / Rik Wouters. De Schilderijen: Catalogue raisonné*, Antwerpen, 1995.
3   In één van de kladversies voor haar, in 1944 te Brussel verschenen

1   Je remercie mon ami Nikolaas Demoen pour la relecture critique de ce texte.
2   Vous trouverez plus d'informations à ce propos et à propos de tous les autres œuvres de Rik Wouters mentionnés dans ce texte dans S. Hautekeete, *Rik Wouters. Ontwikkeling en betekenis van het picturale oeuvre*, Anvers, 1997, pp. 247-252. (Edition française publiée en même temps: *Rik Wouters. Développement et portée de son œuvre peinte*. Traduction par N. Trouveroy). Cette étude repose sur mon mémoire de licence intitulé *Stijlanalyse van Rik Wouters' picturaal oeuvre*, RUG, 1988.
    A moins qu'il n'en soit justifié autrement dans le texte, nous reprenons en principe pour les peintures, les titres et les dates de l'ouvrage par O. Bertrand, *Rik Wouters. Les Peintures: Catalogue raisonné / Rik Wouters. De Schilderijen: Catalogue raisonné*, Anvers, 1995.

monografie *La vie de Rik Wouters à travers son œuvre*. Deze aantekeningen worden bewaard in het Archief en Museum van de Literatuur, Koninklijke Bibliotheek van België, Albert I, Brussel. (Voortaan aangeduid als ML).

4 N.a.v. Riks bezoek aan zijn solo-tentoonstelling in het Stedelijk Museum te Amsterdam van 22 januari tot 15 februari 1915. ML 2141/1b (s.p.). Eigen vertaling van het franse origineel.

5 W. Vanbeselaere, *De Vlaamse schilderkunst van 1850 tot 1950*, Brussel, 1961, p. 148, p. 174.

6 «Plechtige Prijsuitdeling aan de Leerlingen der Academie van Beeldende Kunsten, 1900», ter plaatse bewaard.

7 Het voorval onderstreept nogmaals Wouters' jeugdige drang tot schilderen. Het lijkt ons echter geen voldoende grond om te beweren dat Blickx Wouters leert schilderen, cf. W. Van den Bussche in de tentoonstellingscatalogus *Rik Wouters (1882-1916)*, Provinciaal Museum voor Moderne Kunst, Oostende, 1994, pp. 8-9. Deze kwestie hebben we uitvoeriger behandeld in S. Hautekeete, op. cit., in *De Mechelse vormingsjaren*, pp. 13-19.

8 N. Wouters, op. cit., p. 9.

9 N. Wouters, op. cit., p. 14. Eigen vertaling van het franse origineel.

10 Citeren we slechts *Het terras in de kruidtuin te Mechelen, Studie van een vrouw in het blauw, in een tuin, Interieur, twee mannen voor een gedekte tafel*.

11 Nel Wouters, in een interview, verschenen in Le Soir, Brussel, 24.02.1966.

12 Steunend op een verklaring van Nel Wouters (in een brief aan Ludo van Bogaert d.d. 26.07.1960, ML 2626/124) vermeldt O. Bertrand (op. cit., p. 26) dat *Le paradou* geschilderd is te Mechelen. Hij geeft als datering «eind 1905» op. Wij verkiezen voorzichtigheidshalve, de datering van het schilderij te laten samenvallen met de volledige periode van Wouters' verblijf te Mechelen nl. van mei 1905 tot juni 1906.

13 Het zijn, naast de hier besproken werken: *Vrouw met grijze handschoenen* (1911), *Interieur van een etser A* (1908), *De haas A* (1908), *Het ontbijt, witte rozen* (eind 1910-begin 1911).

14 Onder invloed van de landschapsschilders Louis Artan en Hippolyte Boulenger ontwikkelde zich in de jaren 1870-1880 een Belgische variant op het van oorsprong Franse impressionisme. Dit was donker van toon en met een voorkeur voor een losse en pasteuze verfopbreng.

15 Olie op doek, 100 x 80 cm, Koninklijke Musea voor Schone Kunsten van België, Brussel.

16 Op *Interieur, twee personen* (1909) zijn nog de sporen te zien van een voortekening in krijt.

17 Het zijn naast de hier besproken werken: *De haas B, gestroopt* (1908), *Interieur van een etser B* (eind 1908-begin 1909), *Portret van Rik met zwarte fluwelen jas* (1909), *Portret van een vrouw met zwarte hoed, witte pluim* (1910-1911) en *Schets van Bosvoorde, Bezemhoek* (1911).

18 De «tekenende» schilderwijze wordt in een aantal doeken uit 1911, waaronder *Kind met fopspeen* op een meer zelfzekere manier toegepast. Daarom lijkt het ons mogelijk dat *Vrouw gezeten voor een open venster* en *Portret van een vrouw met zwarte hoed, witte pluim* reeds geschilderd werden in 1910. O. Bertrand (op. cit., pp. 72-74) geeft als datering voor beide doeken «1911».

3 Dans l'un des brouillons de la monographie publiée par elle en 1944 à Bruxelles *La vie de Rik Wouters à travers son œuvre*. Ces notes sont conservées aux Archives et Musée de la Littérature, Bibliothèque Royale de Belgique, Albert Ier, Bruxelles. (Désormais désignés sous le sigle ML).

4 A la suite de la visite de Rik à l'exposition qui lui était entièrement dédiée au Stedelijk Museum (Musée Municipal) d'Amsterdam du 22 janvier au 15 février 1915. ML 2141/1b (s.p.).

5 W. Vanbeselaere, *De Vlaamse schilderkunst van 1850 tot 1950*, Bruxelles, 1961, p. 148, p. 174.

6 «Plechtige Prijsuitdeling aan de Leerlingen der Academie van Beeldende Kunsten, 1900» («Remise de prix solennelle aux Etudiants de l'Académie des Beaux-Arts), conservé sur place.

7 Cet événement souligne à nouveau son désir de peindre. Il ne nous paraît toutefois pas suffisamment fondé d'affirmer que Blickx ait appris l'art de la peinture à Wouters, cf. W. Van den Bussche dans le catalogue de l'exposition *Rik Wouters (1882-1916)*, Provinciaal Museum voor Moderne Kunst (Musée provincial d'Art Moderne), Ostende, 1994, pp. 8-9. Nous avons analysé en détail cette question dans S. Hautekeete, op. cit., dans *Les années de formation à Malines*, pp. 13-19.

8 N. Wouters, op. cit., p. 9.

9 N. Wouters, op. cit., p. 14.

10 Nous ne citons que *La terrasse, jardin botanique, Malines, Etude de femme en bleu dans un jardin, Intérieur, deux hommes devant une table servie*.

11 Nel Wouters, dans une interview parue dans le journal Le Soir, Bruxelles, 24.02.1966.

12 Sur la base d'une déclaration de Nel Wouters (dans un courrier adressé à Ludo van Bogaert et date du 26.07.1960, ML 2626/124). O. Bertrand mentionne (op. cit., p. 26) que *Le paradou* a été peint à Malines. Il indique que cette peinture a été réalisée «à la fin de 1905». Nous préférons, par mesure de prudence, laisser coïncider la datation de la peinture avec la période complète du séjour de Wouters à Malines, à savoir de mai 1905 à juin 1906.

13 Il s'agit, outre les œuvres dont question ici, des tableaux suivants: *La dame aux gants gris* (1911), *Intérieur d'aquafortiste A* (1908), *Le lièvre A* (1908), *Le déjeuner, roses blanches* (fin 1910 - début 1911).

14 Sous l'influence des peintres paysagistes Louis Artan et Hippolyte Boulenger, une variante belge de l'impressionnisme d'origine française s'est développée dans les années 1870-1880. Cette variante était d'un ton sombre et affichait une préférence pour une application de couleur détachée et pâteuse.

15 Huile sur toile, 100 x 80 cm, Musées royaux des Beaux-Arts de Belgique, Bruxelles.

16 Nous apercevons encore sur *Intérieur, deux personnes* (1909) des traces d'un dessin préalable à la pierre noire.

17 Il s'agit, outre les œuvres dont question ici, des tableaux suivants: *Le lièvre B, écorché* (1908), *Intérieur d'aquafortiste B* (fin 1908 - début 1909), *Portrait de Rik à la veste de velours noir* (1909), *Portrait de femme au chapeau noir, plume blanche* (1910-1911) et *Esquisse de Boitsfort, le Coin du Balai* (1911).

18 Le style de «peinture dessinée» est utilisé avec plus d'assurance dans certaines toiles de 1911, dont *L'enfant à la sucette*. C'est pourquoi il nous semble probable que les toiles *Femme assise devant une fenêtre* et *Portrait de femme au chapeau noir, plume blanche* ont été peints

19 Brief in het frans geschreven, aan S. Lévy van 12.01.1912, ML 2138/6, gepubliceerd in *Rik Wouters. Jalons d'une vie*. De brieven van Rik Wouters geannoteerd door O. Bertrand en S. Hautekeete, Antwerpen, 1994 (Nederlandstalige editie *Rik Wouters. Kroniek van een leven*. Vertaling door J.-F. Buyck), pp. 48-49.

20 Voor het overige schildert hij in 1912: 3 zelfportretten, 3 portretten van zijn vader, 4 portretten van Ernest Wijnants, 11 stillevens en 4 landschappen. Zie O. Bertrand, op. cit., pp. 83-148.

21 Brief van 31.10.1913, ML 2138/26, gepubliceerd in O. Bertrand, S. Hautekeete, op. cit., pp. 97-99.

22 Er is ons een krijttekening (Stedelijk Prentenkabinet, Antwerpen) en een aquarel (Particuliere verzameling) bekend, van een vrouw voor een raam vol reflecties, een schaal met appelen en een plant. Volgens Nel zijn ze ontstaan in hun huurhuisje in de Dennenboomstraat. Daarnaast bewaart het Museum David & Alice van Buuren (Brussel) een aquarel van het landschap gezien vanuit zijn nieuw atelier op de Place de la Citadelle. (Hoewel het pas eind 1913 wordt afgewerkt, vat Wouters reeds post in de ruwbouw om het landschap te schetsen).

23 N. Wouters, op. cit., p. 70.

24 Idem vorige.

25 Olie op doek, 38,3 x 28,8 cm, Tate Gallery, Londen.

26 Olie op doek, 92 x 140 cm, Baltimore Museum of Art, Cone Collection, Baltimore.

27 P. Matisse, *Schets voor 'La joie de vivre'*, olie op doek, 40,6 x 54,6 cm, Museum of Modern Art, San Francisco.

28 Als reactie op het impressionisme en neo-impressionisme, beoogt deze beweging een meer formele conceptie van kunst en een herwaardering van het onderwerp. De naam ontstond n.a.v. de expositie «Manet and the Post-Impressionists», opgezet door Roger Fry in de Londense Grafton Galleries tijdens de winter van 1910-11.

29 N. Wouters' onuitgegeven aantekeningen, ML 2142/1, p. 39.

30 ML 2141/1a s.p.

31 Brief aan S. Lévy, ML 2138/8, gepubliceerd in O. Bertrand en S. Hautekeete, op. cit., pp. 32-35. Origineel in het frans.

32 Brief aan S. Lévy van 8.02.1913, ML 2138/22, gepubliceerd in O. Bertrand en S. Hautekeete, op. cit., pp. 78-81.

33 N. Wouters, op. cit., p. 19. Eigen vertaling van het franse origineel.

34 De obsessie waarmee Wouters dat jaar nog tal van tekeningen maakt, reveleert een krampachtig vasthouden aan het leven.

dès 1910. O. Bertrand (op. cit., pp. 72-74) date ces deux toiles de 1911.

19 Courrier rédigé en français et adressé à S. Lévy du 12.01.1912, ML 2138/6, publié dans *Rik Wouters. Jalons d'une vie*. Les lettres de Rik Wouters annotée par O. Bertrand et S. Hautekeete, Anvers, 1994 (Edition néerlandaise *Rik Wouters. Kroniek van een leven*. Traduction par J.-F. Buyck), pp. 48-49.

20 Pour le reste, il a peint en 1912: 3 autoportraits, 3 portraits de son père, 4 portraits d'Ernest Wijnants, 11 natures mortes et 4 paysages. Cf. O. Bertrand, op. cit., pp. 83-148.

21 Lettre du 31.10.1913, ML 2138/26, publiée dans O. Bertrand, S. Hautekeete, op. cit., pp. 97-99.

22 On connaît un dessin à la pierre noire (Stedelijk Prentenkabinet, Anvers) et une aquarelle (Collection privée) représentant une femme devant une fenêtre ouverte pleine de reflets, avec une coupe de pommes et une plante verte. D'après Nel, ils ont été faits dans la petite maison de la rue de la Sapinière. D'autre part le Musée David et Alice van Buuren, à Bruxelles, possède une aquarelle représentant une vue du nouvel atelier de la Place de la Citadelle. (Quoique la maison n'ait pas été achevée avant décembre 1913, Wouters s'installait déjà dans le gros-œuvre pour esquisser le paysage).

23 N. Wouters, op. cit., p. 70.

24 Voir note précédente.

25 Huile sur toile, 38,3 x 28,8 cm, Tate Gallery, Londres.

26 Huile sur toile, 92 x 140 cm, Baltimore Museum of Art, Cone Collection, Baltimore.

27 P. Matisse, *Esquisse pour «La joie de vivre»*, huile sur toile, 40,6 x 54,6 cm, Museum of Modern Art, San Francisco.

28 En réaction à l'impressionnisme et au néo-impressionnisme, ce mouvement vise une conception plus formelle de l'art et une revalorisation du sujet. Le nom a été lancé à l'occasion d'une exposition organisée par Roger Fry à Londres aux Grafton Galleries en hiver 1910-11, et dont le titre était «Manet and the Post-Impressionists».

29 Notes non publiées de Nel Wouters, ML 2142/1, p. 39.

30 ML 2141/1a (s.p).

31 Lettre à S. Lévy, ML 2138/8, publiée dans O. Bertrand et S. Hautekeete, op. cit., pp. 32-35.

32 Lettre à S. Lévy du 8.02.1913, ML 2138/22, publiée dans O. Bertrand et S. Hautekeete, op. cit., pp. 78-81.

33 N. Wouters, op. cit., p. 19.

34 L'acharnement avec lequel Wouters a continué à dessiner au cours de cette année révèle à quel point il s'accrochait à la vie.

Afb. 1: Rik Wouters, *De knaap* (1913), olie op doek, 73 x 60 cm, privé-verzameling.
Rik Wouters, *Le gamin* (1913), huile sur toile, 73 x 60 cm, collection privée.
Rik Wouters, *The boy* (1913), oil on canvas, 73 x 60 cm, private collection.

Afb. 2: Rik Wouters, *De houthakker*, zwart krijt op papier, 135 x 97 mm, Stedelijk Prentenkabinet, Antwerpen.
Rik Wouters, *Le bûcheron*, pierre noire sur papier, 135 x 97 mm, Stedelijk Prentenkabinet, Anvers.
Rik Wouters, *The lumberjack*, black chalk on paper, 135 x 97 mm, Stedelijk Prentenkabinet, Antwerp.

Afb. 3: James Ensor, *Burgersalon*, 1881, olie op doek, 133 x 109 cm, Koninklijk Museum voor Schone Kunsten, Antwerpen.
James Ensor, *Le salon bourgeois*, 1881, huile sur toile, 133 x 109 cm, Koninklijk Museum voor Schone Kunsten, Anvers.
James Ensor, *The bourgeois salon*, 1881, oil on canvas, 133 x 109 cm, Koninklijk Museum voor Schone Kunsten, Antwerp.

Afb. 4: Rik Wouters, *Interieur, twee personen*, 1909, olie op doek, 85,3 x 90,2 cm, privé-verzameling.
Rik Wouters, *Intérieur, deux personnes,* 1909, huile sur toile, 85,3 x 90,2 cm, collection privée.
Rik Wouters, *Interior, two figures*, 1909, oil on canvas, 85,3 x 90,2 cm, private collection.

Afb. 5: James Abbot McNeill Whistler, *Arrangement in Grey and Black, Portret van de schilders moeder* (1871) olie op doek, 144,3 x 162,5 cm, Musée d'Orsay, Parijs.
James Abbot McNeill Whistler, *Arrangement in Grey and Black, Portrait de la mère du peintre* (1871), huile sur toile, 144,3 x 162,5 cm, Musée d'Orsay, Paris.
James Abbot McNeill Whistler, *Arrangement in Grey and Black, Portrait of the artist's mother* (1871), oil on canvas, 144,3 x 162,5 cm, Musée d'Orsay, Paris.

Afb. 6: Nel poserend voor Rik in hun huisje te Bosvoorde, 1907-1908, Koninklijke Bibliotheek van België, Albert I, Brussel.
Nel posant pour Rik dans leur maison à Boitsfort, 1907-1908, Bibliothèque Royale de Belgique, Albert I, Bruxelles.
Nel posing for Rik in their house at Bosvoorde, 1907-1908, Koninklijke Bibliotheek van België, Albert I, Brussels.

Afb. 7: Rik Wouters, *Portret van Rik met wit hemd* (1911), olie op doek, 74,6 x 56,7 cm, privé-verzameling.
Rik Wouters, *Portrait de Rik à la chemise blanche*(1911), huile sur toile, 74,6 x 56,7 cm, collection privée.
Rik Wouters, *Portrait of Rik in a white shirt* (1911), oil on canvas, 74,6 x 56,7 cm, private collection.

Afb. 8: Rik Wouters, *De herfst* (1913), olie op doek, 135,5 x 140,5 cm, Koninklijk Museum voor Schone Kunsten, Antwerpen.
Rik Wouters, *L'automne* (1913), huile sur toile, 135,5 x 140,5 cm, Koninklijk Museum voor Schone Kunsten, Anvers.
Rik Wouters, *Autumn* (1913), oil on canvas, 135,5 x 140,5 cm, Koninklijk Museum voor Schone Kunsten, Antwerp.

Afb. 9: Rik Wouters, *Personages in het woud* (1913), aquarel en zwart krijt op papier, 350 x 510 mm, Koninklijk Museum voor Schone Kunsten, Antwerpen.
Rik Wouters, *Personnages en forêt* (1913), aquarelle et pierre noire sur papier, 350 x 510 mm, Koninklijk Museum voor Schone Kunsten, Anvers.
Rik Wouters, *Figures in the forest* (1913), watercolour and black chalk on paper, 350 x 510 mm, Koninklijk Museum voor Schone Kunsten, Antwerp.

Afb. 10: Paul Cézanne, *Portret van Gustave Geffroy* (1895-96), olie op doek, 116 x 89 cm, Musée d'Orsay, Parijs.
Paul Cézanne, *Portrait de Gustave Geffroy* (1895-96), huile sur toile, 116 x 89 cm, Musée d'Orsay, Paris.
Paul Cézanne, *Portrait of Gustave Geffroy* (1895-96), oil on canvas, 116 x 89 cm, Musée d'Orsay, Paris.

Afb. 11: Rik Wouters, *Rik met de zwarte ooglap* (1915), olie op doek, 101 x 86 cm, Koninklijk Museum voor Schone Kunsten, Antwerpen.
Rik Wouters, *Rik au bandeau noir* (1915), huile sur toile, 101 x 86 cm, Koninklijk Museum voor Schone Kunsten, Anvers.
Rik Wouters, *Rik with the black eye-patch* (1915), oil on canvas, 101 x 86 cm, Koninklijk Museum voor Schone Kunsten, Antwerp.

Rik Wouters [1882-1916]

HEIDI DE NIJN

Training and the first years in Brussels

Henri, it did not become Rik for the outside world until later on, was the eldest son of Emile Wouters, a furniture decorator in Mechelen. The boy was not the easiest of children. He is reputed to have said that at school he was such a difficult student that he was no longer welcome when he turned twelve. The 'problem' child went to work in his father's workshop. In addition to Henry and his two brothers, other youngsters also came to learn the trade, including the three Wijnants brothers. Ernest Wijnants would develop into one of the most influential sculptors Mechelen produced this century. However, Henri did not care much for a career in his father's workshop and when he turned fifteen he left. Although he was still entirely dependent on his father Henri wanted to try his luck as an artist. He started off at the Municipal Academy of Mechelen and enrolled in the 'classical drawing' evening class, in 1897-1898. Henri's freedom, financed by his father, was met with everything but Emile Wouters' approval. In spite of this he still allowed Henri to work in the workshop in the Brusselpoort that had been made available to Theo Blickx by the academy, probably to compensate for a surplus of students. It is not at all clear what the young Wouters learned from Blickx who was seven years his senior. Most likely, the drawing and sculpting of live models. This contribution to Rik's artistic training has probably been underestimated, almost certainly because, as the Ostend curator Van den Bussche suggests, Rik's wife Nel, who did not get on with Blickx, minimized it later on.

From 1898 to 1899 Henri's training as an artist began in earnest, first two years at the academy of Mechelen, then four years in Brussels. During this time a paradox was gradually beginning to take shape which is rooted in the independence Henri, as an artist, demanded. He opted for sculpting but at the same time felt attracted to painting. He learned sculpting and drawing with plaster and using models, painting however, he only wanted to do on his own. The freedom he had while sculpting – away from the decorative motifs of this father's wood engraving workshop – was apparently not threatened by the academic strait-jacket. A painting course on the contrary, he believed would mean blindly adhering to academic rules, and that is exactly what he wanted to liberate himself from when he left his father's workshop. But still, the latter – as an unconscious safety net? – would remain. Every Sunday, over a period of two years, Henri still followed a furniture design course.

The transfer to the Academy of Fine Arts of *Brussels*, immediately meant being submerged in the progressive artistic environment of the Belgian capital, which in the early 20th century was closely following the Parisian art scene. The life of the academy student had its 'bohemian' side, e.g. living in cramped poverty-stricken spaces, in which he often received equally destitute colleagues. They discussed subjects at length, inspired each other, created complicated rivalries and established genuine friendships. On 4 January 1901 Wouters enrolled. Before this he had already worked in Brussels for a couple of months in Albert Aerts' workshop. Now Charles van der Stappen became his sculpting teacher, which he would remain for four years. Henri followed sculpting from nature and using models, the first years he would also take a decorative composition course. Already in his first year the results were exceptional, in several subjects he was often the best of the class. In 1901, his fellow townsmen Ernest Wijnants and Jules Bernaerts joined him in the Brussels art school.

Opposite the academy was a café called *La Rose du Midi* where Léon Thumilaire, the sculptor, had a room on the top floor. He used to receive such colleagues as Anne-

Pierre de Kat, Edgard Tytgat, Jean Brusselmans and also Henri Wouters. Their names often cropped up in Wouters' letters for a long period afterwards, showing what good friends they must have been. During his last years at the academy Henri met Hélène Duerinckx, who often modelled for the artists, among this circle of friends of La Rose du Midi. Soon after they went to live together in Wouters' workshop, an old house in the Troonstraat. Hélène became Nel, who from now on would be Henri's passionately cherished eternal muse.

In 1901 Wouters exhibited to the public for the first time. He participated in a group exhibition of the St.-Lucas guild in Mechelen (20/6-21/7) with three drawings. A number of works from this training period have still been preserved: a wooden bust of A.-M. De Prins, who would later become Wouters' sister-in-law, a self-portrait, a portrait of Théo Blickx – whom he called 'his honoured master' - in charcoal, and four paintings. It concerns two portraits and the interior of a stable, three works he made in Mechelen and a portrait of Nel in profile from the Brussels period.

When he finished his studies at the academy, Henri and Nel went to live in *Watermaal* in the autumn of 1904. It was a time of great poverty, which Henri tried to alleviate somewhat by producing touched up miniature portraits for a photographer. He did not receive any support from his father. The young lovers were very happy with each other though. They married in Watermaal on 15 April 1905; the witnesses were Léon Thumilaire, Pierre Paulus, Charles Auvray and Ernest Wijnants. Especially with the latter and his wife, Marie Joris, Nel and Henri developed a good friendship. However, two weeks after the marriage, the money situation became desperate. They were forced to move in with Wouters' father and his two brothers (the mother had died prematurely) in *Mechelen* in the Peperstraat (currently the Kan. De Deckerstraat). The workshop in Watermaal was taken over by Anne-Pierre de Kat and later by Edgard Tytgat. Emile Wouters' business was not doing well though, which caused even more friction. Already by the middle of July, Nel and Henri had decided to return to Brussels. Above all, they wanted their freedom back and went to live in *Sint-Joost-ten-Node.*

At the end of this learning period, Henri started sculpting and painting freely. He was hoping to participate in the Godecharle competition with a sculpture he had already started working on in Watermaal (autumn of 1904) called *The Nymph.* As he was not satisfied with the result, he did not enter it in the end. He did send in a drawing to an international exhibition in Liege and several works to an exhibition in Mechelen organized by *The Thistle*, an art association founded by Théo Blickx. One of them was *A Fairy Tale*, a still unfinished painting in a luminist style. Wouters was not really satisfied with this either and rejected luminism and artificial academicism once and for all.

For almost a year Nel and Henri lived in very poor conditions in Sint-Joost-ten-Node. So as not to go entirely bankrupt, Henri for a time produced painted porcelain figurines for the Vermeiren-Coché House and also worked for his father. He did not want to do it for too long though, especially working for his father. For a while he shared a workshop with Jean Brusselmans.

The fourth salon of Independents and the Three-Yearly salon of Brussels exhibited some of his sculptures. With his sculpture *Reverie* Henri was awarded second prize in the Godecharle competition.

Bosvoorde

Because Nel had tuberculosis, the family moved to a healthier environment near the Zoniën forest in the Denneboomstraat in Bosvoorde in June 1907. Their house became a meeting place for many befriended artists for whom Henri would soon only be known as Rik. The people who visited them included Johan Frison, Fernand Wéry, Fernand Verhaegen, Anne-Pierre de Kat, Frans Somers, Maurice Wagemans, Edgard Tytgat. Some of them, including the solitary Tytgat, lived in the neighbourhood. Ever attentive and generous, Nel and Rik would try to help him, in spite of their own hardship. In 1907 and 1908 Rik received a BEF 500 government grant; and at times father Emile would give them some money. From 1909 he came into regular contact with the painter Auguste Oleffe, who had lived in Oudergem since 1906. In 1910 he made a boat trip in Zeeland which included Edgard Tytgat, Maurice Waegemans and the sculptor Marnix d'Haveelooze.

The time in Bosvoorde, which would last until the mobilization of August 1914, was a period of full artistic development and gradual recognition of Rik's work. As a

sculptor he had always done his own thing, as a painter the first years were a period of experimenting and trying, often on cardboard out of necessity. A number of small still lifes with flowing, brightly contrasting colours to reproduce the light, date back to this period. In the meantime Rik had also discovered engraving which he practised with great enthusiasm. Until 1910 he chiefly entered his sculptures in exhibitions: the General Fine Arts Exhibition (Brussels, 1908), the Salon of the Antwerp Contemporary Art Association (1909, five sculptures), the Salon of Independents (Brussels, 1909, three sculptures and 1910, one sculpture, for which a bronze medal and an allowance were awarded), the Exhibition of the Royal Society for Fine Arts Le Sillon (Brussels, 1909, nine sculptures and 1910).

Wouters' development as a painter in these years was interwoven with the lives of a number of interesting people. In 1909 he became acquainted with Simon Lévy, a painter born in Strasbourg in 1886, and who was a great admirer of Van Gogh and especially of Cézanne. Lévy managed to transfer this admiration to Nel and Rik, with whom he became very good friends during his one and half year stay in Belgium (six months of which in Mechelen). After Lévy's return to Strasbourg, Rik very frequently, open-heartedly and sometimes very passionately continued to correspond with him. He was a fantastic source of knowledge for his artistic quests, ideas and evolutions. In a letter dated mid 1911 Rik writes, among other things, how he does not use the palette knife as much and prefers a brush to obtain a greater transparency with paint diluted with turpentine. In these letters he quite often lashed out at contemporary artists whom he met at exhibitions.

He often expressed his great admiration for James Ensor, the second important name that merits mentioning, especially for Rik's development as a painter. In 1912 he was finally presented with the opportunity to admire Van Gogh and Cézanne's real paintings in Paris and Germany and not just the reproductions he saw chiefly through Lévy. No matter how great the impression was both painters had on him, Ensor was still irreplaceable. *If Van Gogh seizes you immediately, the other one (Cezanne) only gradually gets to you and his charm is more durable because he does not reveal himself completely immediately.* Even so: *But I prefer the richer, more Flemish still lifes of Ensor"* – in which he shows the

atmosphere of vibrating light – and elsewhere: *Damn, Ensor, Ensor!* . (As direct as he was, Rik also wrote about many others, e.g. he was inspired by El Greco: *It is beautiful, beautiful!!!!!!* , or scathing about painters who continue to swear by the palette knife: *Anyway, Damn it, coarse artists, each and every one of them.*)

The third important name is that of Georges Giroux, a Frenchman from Paris who opened a fashion business in Brussels in 1911, and the following year an art gallery. He was so impressed by Wouters' art that he was prepared to open an account for him at the Mommen House, an art supplier. On 15 April 1912 Giroux signed a 'notorious' ten year contract with Rik Wouters. It regulated the casting, framing, sale, transport, promotion through exhibitions, etc. of all of Wouters' work, with shared profits after deduction of all costs. Moreover, Rik was given a monthly allowance of BEF 200. Although Giroux clearly came out better financially, the context of the contract was the solid base that allowed Rik to paint and model with total abandon. Or as Nel would say later: *I was cheated, I am certain of that now, but I don't care, because it is thanks to the credit that Giroux gave Rik at Mommen, that he was able to enjoy life as a painter.* Rik would indeed paint almost 60 canvasses in 1912.

Most prolific years

The years between 1912-1914 were Rik's most prolific, abruptly interrupted by the mobilization in August 1914. Finally Rik was able to make some trips. The long-awaited confrontation with the real paintings of the masters he admired, such as Cézanne, El Greco and Goya, was extremely stimulating. When he arrived home again he wanted to paint outside more and he often took refuge in the Zoniën forest. (*I have but one example: nature*, he would say the following year to the art critic Gerbaud, who denounced him as a painter). In September 1912 he visited Cologne (where he saw an exhibition with 125 of Van Gogh's works) and Düsseldorf. He begged Lévy to loan him a copy of Van Gogh's letters, as he was so intrigued by them. In 1913 Rik travelled to Paris by train with Giroux to touch up the sets he had designed for Tom Thumb, a play by Jules Elslander with musical accompaniment by Léon Delcroix, first shown in the Gaieté theatre in Brussels, and being

shown in Paris at the Folies-Bergères. The annual autumn exhibition that he visited in the French capital, was disappointing because of the many bad Cézanne imitations.

Rik took part in several salons (Brussels, Ghent, Paris, Antwerp, Venice, The Hague, Cologne, Edinburgh) and visited many himself in Brussels and Antwerp, always with the necessary comments – immediately and wittily – in his letters to his friend Lévy. His great admirers, Emile Verhaeren and Emile Claus, wanted to organize an exhibition for him in Paris. James Ensor began to appreciate Wouters too and when he came to Bosvoorde in 1913, Rik made a bust of him which very much met with Ensor's approval. The latter spent a great deal of attention to the annual Salon of Contemporary Art in Antwerp to which he sent 22 pieces. The fact that he did not want to feel inferior to Van Gogh, and Rik Wouters' work undoubtedly implied great acknowledgement. The vernissage of Wouters' first individual exhibition took place on 20 February 1914 in the Galerie Giroux in Brussels. Rik worked hard on it: 16 sculptures, 45 paintings, 76 pastels, water colours and drawings, and 6 set pieces of Tom Thumb.

In the meantime Wouters had been awarded the financially important Picard prize (BEF 600) and the state bought its first work from him (*Burned Apples*). The future was looking so bright that Rik and Nel decided to build a house. In total they borrowed BEF 10,000 (in those days Giroux was charging BEF 350 to 500 for a painting and BEF 1,500 to 2,000 for a sculpture). The house on the Citadel square in Bosvoorde was completed in December 1913. Rik would not enjoy the comforts of the house long though. The war was coming and the artist was being tortured by splitting headaches. The doctor could only prescribe rest, which meant long walks in the Zoniën forest, which became even more of a theme in Rik's paintings and water colours and was even the background for portraits of Nel.

The tragedy of the war years

In the beginning of August 1914 Rik was mobilized. His army unit was immediately forced to flee with heavy casualties from its positions in Fléron, near Liege. After a solitary odyssey past Visé, Maastricht and Maaseik, Rik briefly made his way back to Brussels, without seeing Nel though. After returning to the army, his unit was ordered to aid in the defence of Antwerp, where he saw Nel a few times. On the way he went past Lier, Haasdonk and Beveren-Waas. When the city fell he, and many other soldiers, fled to the Netherlands where they were captured and kept in a prison camp in *Amersfoort* from 19 October, and later, on 2 November 1915, in *Zeist*.

Nel travelled to the Netherlands as soon as she could by way of Scheveningen and The Hague. She found a room in Amersfoort, where she saw her husband again. Gradually, Rik was allowed to visit Nel more and more often, and he started working intensely again. Thanks to Nel's unflagging zeal, among other things, and her talking to friends, acquaintances and all kinds of people in authority Rik was issued a permanent residence permit on 31 May 1915 to live in *Amsterdam*. On 1 June he stayed with friends in the city and already the following day he and Nel moved into an apartment on the third floor of a house on the Derde Kostverlorenkade 37. They would stay there until 5 April 1916, the day on which Rik would go to the Ziekenverpleging hospital on the Prinsengracht for good.

His stay in the Netherlands was by no means an artistic isolation. He still corresponded with the Galerie Giroux, at times in very roundabout ways. Together with Paul Lambotte, an official at the Ministry of Sciences and Arts, they looked after Rik's artistic interests in Brussels. He also corresponded regularly with Ary Delen, an art critic he befriended in Antwerp. The latter had already visited Rik earlier on in Haasdonk, together with George Minne and Oscar and Floris Jespers. He also came into contact with Dutch painters, i.e. Willem Paerels whom Rik already knew from his time in Brussels, and Evert Pieters who supplied him with paint and paper in Amersfoort. Through the poet Jan van Nijlen he finally received a copy of Vincent Van Gogh's letters from Johanna Bongers, Théo Van Gogh's widow. Elisabeth du Quesne-Van Gogh also sent Rik a friendly letter. Rik's acquaintance with Nic Beets, deputy director of the Print Gallery at the Rijksmuseum in Amsterdam, was extremely important, not only from a human point of view but also promotionally. In the same city Nel and Rik were visited by Willem Paerels and Evert Pieters, but also Walter Vaes, Louis Piérard, Cyrille Buysse and Frans Smeers.

In spite of the war and his increasingly debilitating ill-

ness, Rik was still very prolific in Amersfoort and Zeist. In Amsterdam he was able to focus all his attention on art again, although very soon this would be at a much slower pace. He made dozens of pen drawings and water colours, 22 paintings and even some sculptures (of captain Stoett in the POW camp and of Dia Beets, Nic Beets' daughter). Soon afterwards he had enough material for a number of prestigious exhibitions: one of pen drawings, water colours and etchings in the Print Gallery at the Rijksmuseum in Amsterdam (October-December 1915), in addition to retrospectives in the Stedelijk Museum of Amsterdam (22 January - 15 February 1916) and in the Rotterdamse Art circle (6 to 26 March 1916). In the meantime Wouters' work was being exhibited in Oxford, London and Brussels (1915), in The Hague, Edinburgh, Glasgow, Bradford, Birmingham, Liverpool, Madrid, San Sebastian, Paris and Venice (1916). The Stedelijk Museum of Amsterdam bought three of his sculptures: *Domestic Worries, In the sun* and *Bust of Elslander*. Rik Wouters, who was now fully aware of his skills as an artists, knew that he was dying. This became all the more clear in March 1916 when he signed all the drawings and water colours he still had, whereas before he had been quite careless about it.

The illness had a firm hold on him now. The first symptoms already dated back to the years in Bosvoorde when headaches sometimes prevented him from working for days on end. In Amersfoort he complained of 'nerve pains', and he often felt despondent and tired. In February 1915 the doctors at the military hospital of Utrecht started with a series of 'horrific rinses' to treat the 'infection' in his maxillary sinus. The first operation was in March. Rik had to wear glasses from then on but his natural optimism regained the upper hand. In June there was a second minor operation. The doctors realized he had cancer, carcinoma of the right jawbone. Rik was still hoping for a cure though when in October a third operation was performed and his whole right jaw and part of his palate were surgically removed. Rik came out of the operation with horrific scars and gradually it dawned on him what was awaiting him.

He was unable to open his mouth and was blind in his right eye. Seventeen days after the operation he painted *Self-portrait with the black eye patch*. On 6 April 1916 he was operated for the last time, Rik was rendered practically unrecognizable. His death mask would be the bitter reminder.

At the end of April Rik left his sickroom for the very last time to bequeath all his possessions to Nel. Shortly afterwards his marriage with Nel was consecrated in his room. Rik died at midnight on 11 July 1916 in the hospital. The funeral ceremony took place on 15 July and was attended by many well-known people, including a lot of famous Dutch and Belgian artists. Rik Wouters was buried in the Buitenveldert graveyard in Amsterdam. Nel, who did not move back to Belgium until 1919 had his body reburied in Bosvoorde on 5 February 1924. Later on she had the tombstone cemented in the garden wall of their house on the Citadel square, which is now known as the 'Rik Wouters square'.

R. Avermaete, *Rik Wouters*, Brussels, Jacques Antoine, 1986

O. Bertrand, *Rik Wouters. Les Peintures, De Schilderijen, Catalogue raisonné,* Antwerp, Petraco-Pandora, 1995

O. Bertrand and S. Hautekeete, *Rik Wouters. Kroniek van een leven*, Antwerp, Petraco-Pandora, 1995

Rik Wouters
Exhibition catalogue, Amersfoortse Culturele Raad, Amersfoort 13 November 1988 - 9 January 1989

Rik Wouters (1882-1916)
Exhibition catalogue, PMMK-Museum voor moderne kunst, Ostend
2 July 1994 - 25 September 1994
including:
W. Van den Bussche, *Inleiding*, p. 7-15
Dr. P.P. Devries, *De laatste levensjaren van Rik Wouters,* p. 17-22
O. Bertrand, *Biografie*, p. 225-234
NN., *Beknopte Bibliografie*, p. 236-237

Rik Wouters

THE MAN

BEDET SIMON

"Cette peinture qui respire la joie que l'artiste a eue à peindre"
RENOIR

Conscious of the many artists that Flanders has produced, Flanders' awareness has grown.
Rik Wouters is a fascinating and significant artist for the history of art in Belgium in this twentieth century.

There has been a great deal published about the development he went through both as an artist and as a human being. The one is not possible without the other. In his work, full of sincerity, Rik Wouters described himself, his own life, thoughts and feelings, his family and friends in thousands of ways.

As memories.

These paintings, sculptures, drawings, aquarelles, etchings and sketches, together with the letters in Rik's typical familiar plastic use of language, interlarded with thoughts, techniques, humour and despair, optimism, joie de vivre and tragic awareness, all form a rewarding breeding ground for painters, writers as well as poets.

We can divide Rik Wouters' life into different phases. These we also find again in his work and in his strong ties with the places he lived in Mechelen, Brussels, Watermaal-Bosvoorde with a constant evolution.

1912, year full of development and recognition with rich, mature results.

Then the turning tide.

The First World War with exile in Amersfoort, Zeist, Utrecht and a quickly progressing illness in Amsterdam.

Abrupt end in 1916. Too sudden. Too swift. Too early. Too painful.

The woman, indispensable Nel, as muse, model, geisha, lithe and feline, but a very strong personality indeed, who stayed with him through good times and bad: she was the most important and most continuous element in his life and work. She was his sun, his energy, his joie de vivre. His Mummy!

The first concrete occasion to do research on Rik Wouters was in a 1993-1994 BRTN TV documentary evoking his life. Each week, I took a stroll through 'his' woods, gradually 'my' woods. Did my 'blessed' situation have anything to do with it? I don't know. But every little place, every tree, plant or shrub, every spot where he walked, painted, where Nel posed, or his friends; I looked for it, I recognised it: it became familiar to me, evoked feelings and memories as thought I had been present. I actually was there, be it years later, as, in a somewhat thinned out forest and disturbed by the dins of cars whizzing by, I tried to see with the same eyes. My eternal curiosity. Who was this man who - whose work - enthralled me so much as to leave out all known works of art, so intrigued me that I literally wanted to tread in his footsteps? To get to know him! His work as well as his way of thinking, about struggles, quests and doubts, his motivation, his humour and intense optimism, his experiments with absorbent canvas, his use of colour and his difficulties.

And I got that chance a second time when the city of Mechelen made me the proposal to put on an exhibition. We limited the theme to «The human figure in the works of Rik Wouters». Anything but a complete overview. Just the same, I find that a «Delicacy» can only be sampled in sparse amounts.

And, there were people. Not only Nel, like so many claim. Friends too, fellow artists, acquaintances, neighbours, children, family...

People who gladly visited the Wouters. Their little house in Watermaal, however small, was always warm, cosy,

full of life. On Sunday afternoons, they would all bring along something delicious to eat. Ensor came. And so too did Tytgat, Elslander, Frison, Wijnants, Schirren, Van Nijlen, Lévy, Brusselmans, Delen...

Although his life was short, Wouters did leave behind an awe-inspiring legacy of works. Like a habit you can't kick. A lot of letters witness to this and after his death, Nel lifted the veil on another clue. There is not much new or unusual left to discover. Most has already been made known. His letters, sometimes with humorous biting criticism of his contemporaries, sometimes full of doubt about his own ability and his search for better means of expression, his feverish ambition, notwithstanding hardship and financial worries, his admiration for Ensor, the discovery of artists like Cézanne, Renoir, Van Gogh...

This text is not a meditation on art history, nor is it a eulogy to the art of Rik Wouters. The works speak for themselves.

He who does not master form fails as an artist. He who does not know how to interpret form fails as a spectator.

Through these fragments from letters, I do want to illustrate his enthusiasm, devotion and innovative creativity.

Rik Wouters the person

Jules Elslander depicted Rik as follows:

(...)Small in stature, but muscular: his countenance and eyes bright, - his face fresh and pink, surrounded by short red hairs and by a head of light wavy hair, the eyes porcelain blue - a combination of smile and mischievous joy: the hands firm and weather-beaten. He surprised by his gaiety, if you knew with what difficulties he had to contend in order to survive and work. His expression itself was full of confidence and courage, full of defiance too. He looked at you without batting an eyelid and appeared to examine you with a sort of irony. His entire person was warm and open.
I have never seen Rik Wouters other than smiling and full of pluck. He told of his most bitter disappointments in a facetious tone that hit its mark and made the listener too feel full of indignation. In reality, he joked in order to hide his wrath and it often happened that he screamed out his resentment in a high-pitched resounding Flemish profanity.

After many homes, they rented a small house in Watermaal-Bosvoorde on the edge of the forest. Just for a

few happy and fruitful years. The creative nest was described by A.J.J. Delen:

(...) He lived in one of the very tiny, almost unsightly, workman's houses, with one storey. You stepped from the street straight into the sitting room, but then stood there surprised by the warm atmosphere and tasteful cosiness, by the congenial friendliness that smiled on you from every corner...
And in the atelier - what a grandiose sounding name for a narrow little attic room which you entered via a short flight of narrow steps and where you broke your neck on all the junk - there, Rik Wouters produced all his youthful, joyous art... There he produced his great figures - from dancing Bacchant which he so aptly named The foolish frenzy *to the monumental sculpture* Domestic cares *- it seemed to me a real feat to have put such pieces together, that were larger than life-size and sometimes took up space with their exceptional position, and to have done so in a little room, a few square meters in size, where the sculptor sat closely drummed together with his model and with his fantastic work. In the surroundings, humble but completely in tune with the sunny mood of the residents themselves, the amiable personality of Rik Wouters came to me for the first time from closer up.*

These two monumental works (both centrally present in the exhibition) produced in this small space, are testimony to a developed, mature artistry. We find many parallels again in his paintings.

His sculptures were those of a painter; his paintings made one suspect a sculptor. (Jozef Muls)

These two sculptures are complementary and diametrically opposed, however paradoxical that may be.

The purity and nudity of *The foolish frenzy* accentuates its sensual and daring, disseminating movement. It defies the laws of gravity. It is a bit vitality, dynamics, energy and joie de vivre. Unbridled indulgence. The trunk as key-figure, that brings along head, arms and legs in a rotating, exuberant movement. With this work, Rik was looking for the outer limits of balance and he succeeded marvellously.

In *Domestic cares*, on the other hand, gravity weighs heavily in the everyday routine which is shaped by the vertical draping. The monumental aspect and the compactness emphasise stability, inner peace, contemplation, care.

Wouters gives the material freedom and enters into a

dialogue with it. In the massive and concrete presence with ever-changing surfaces, the play of light and shadow contributes to the tense effect.

It is astonishing, the hundreds of paintings, sculptures, drawings, aquarelles, pastels, etchings that Rik Wouters made in his short life span, and equally astonishing is the speed of evolution, through continual practice, from the restricted academical to a very individual, specific, spontaneous, synthetic simplification.

Under Ensor's influence, he was to see colour as an independent element. Thanks to Cézanne, he left parts of his canvas unpainted. And so he arrived at a new synthesis, almost immaterial. He acknowledged the observation of man and nature as his sole teacher. He was no epigone.

(...) More personal impressions should do more favours - ... - discover oneself has more merit and also gives more pleasure and besides, the influence of a teacher closes your eyes to many things which are to be discovered in nature - by glorifying what one sees, one can realise such great things as themselves (...)
(Letter to Simon Lévy, 18.8.1912)

However, sometimes doubts as well.
I was telling you the other day that I haven't done much since your departure, and I am really put off by everything I have in the house at the moment. Nonetheless, I would firmly like to work. But hell, nothing pleases me and I always feel like doing things simply by memory or drawing certain sketches and developing them, and then I start hesitating and the time goes by. Every new day, I try to convince myself that after all, you don't have to paint things you see in front of you (...)»
(letter to Simon Lévy, 31.10.1913)

Like so many artists, poets, writers, before and after him, in his art, he does not only celebrate the splendour of what is visible, which he is able to capture as no other.

In the paintings, colour too is of the utmost importance. It transcends the object. It has its own importance through meaningful arrangement. The right dose suggests space, against which the individual figure, through the many touches of colour, is no longer an individual figure. What it loses in functional strength, it gains in colour nuance. Borders disappear. Movement is created. Foreground and background run into each other. A mirror effect

with a thousand-fold reflection of light and colour offers the possibility for conveying emotional nuances in a variety of ways. The melody rises above a chaos of motives spreading into each other, with a short and quick changing of moods. The personal emotion rises above the naturalistic element of the case study and is filtered by the pure musicality of line and colour. He succeeds in capturing the unexpected and with a few strokes, reduces it to its greatest essence. Through the great degree of clarity, simplicity of line, his works are like parts of a diary from a hurried life, that ebbs away too quickly to be able to seize everything, to write it all down.

From 1912 on, everything evolves towards the climax. After exhibitions in well-known salons and with the backing of the Giroux family, he gets opportunities to travel in order to discover unknown and famous artists at exhibitions, including those in Paris, Cologne, the Netherlands... and with help, he is able to build his own house on the edge of the forest. Not for long, however. The First World War breaks out. Rik is called up. He gets caught up in the turbulence. His initial experiences are harrowing. Homesick for home and even more for Nel.

In the event I really have to fight, I shall have the courage and if I am not to return, then you know I have always loved you very much.
Let us not love courage too quickly, I shall do my best to return to you.
Should German soldiers ever come to Brussels, try to get to safety: look for shelter wherever you can, for I want, I want to come back to you.
(first letter, not dated)
(...) The horrible spectacle of all the young dead has made me desperate, I have enough with you and my art (in order to help me get back on my feet). You really well and truly feel that in front of all these dead (...)
(letter to Nel, August 1914)

The Germans advanced further, Antwerp fell, which resulted in a great number of soldiers crossing the border into the Netherlands, where they were interned in prisoner of war camps, first in Amersfoort, then in Zeist. Rik was depressed and ill from the harsh living conditions. Nel rented a room in Amersfoort and brought along drawing material. Thanks to the help of Elslander and other friends, Rik

got a certain amount of freedom. In Nel's company, he strolled for hours through the surroundings and made countless sketches and aquarelles, full of unrest and fear, of the heath and the camp behind the barbed wire fencing. War, cold, hardship, but most of all relentless facial neuralgia were wearing him down. At the beginning of 1915, the first operation followed. Shortly thereafter, he was given complete freedom. They moved to Amsterdam and Rik optimistically went fully back to work.

Jan Van Nijlen typified in a letter to Ary Delen the fine personal vision of Rik:

He lived in Amersfoort in an ordinary rented room where the most prominent piece of furniture was a beastly old black double canapé, the likes of which you no longer see in these parts. He started drawing, and lo and behold: the ugly things get a soul, start to live, to speak a language that touches.

The windows give out onto a rather busy shopping street: a Dutch village street with vegetable and grocery shops, with a butcher, a shoemaker, a photographer and confectioners. We take a look through the panes as we light up our cigar and reflect: quite unpleasant to always have to just look at the idiotic façades! But one fine day, Rik did an aquarelle, and suddenly shining at us was the mysterious soul, the beautiful soul from that apparently banal shop, from that apparently lifeless façade, the soul that was hidden from us, but that he discovered with one glance.

That's how it went with everything. It went like that too in his room in Amsterdam, from where he saw the barges sail by and behind the façades on the other side, viewed the immense plain of the Dutch polders. His eye and his soul made from every little piece of world, a landscape of bliss and abundance.
(not dated, 1916?)

In Amsterdam, Rik Wouters underwent several further painful operations that he described in detail to his friends. Diagnosis: cancer. But nonetheless, his tone remained joking and optimistic. The surgical operations influenced his palette. His works became more sombre, with large subdued colour surfaces, that suggested more depth, more tension.

In February 1916, the Stedelijk Museum (Municipal Museum) of Amsterdam organised a special exhibition. Rik was barely able to attend. The exhibition was a great success. The Museum bought works, exceptionally, since as a rule, no work by foreigners was purchased.

On 6 April 1916, Rik Wouters was operated on for the third time. He died in the night of 11 July 1916.

In August, he would have turned 34 years old.

Jan Van Nijlen, close friend and poet, wrote an emotional letter to Ary Delen about the last days of Rik's life (16 July 1916):

On a Thursday, he got the first of the crises - up to four in one night - that foreshadowed the end. I visited him the next day, but he was virtually totally unconscious. One expected his death at any minute. When I left that evening, I was convinced that he only had a few hours to live and that I would receive notice of his death the next day. And yet he lived on for twelve days: first he was better, then he took another turn for the worse, with intervals of great lucidity. His only reading matter in the last months was Guido Gezelle, whom he passionately admired. He even got it so far that his wife, who had never held a Flemish book in her hands, learned to read the beautiful work: and this made him very happy.

He then read or she read to him: «een bonke keersen kind» «Daar stond in 't veld een blommeken» «de kraaien» and sometimes he was so moved he sobbed out loud. Did he already feel then the inevitable end and that he would never again view the beautiful earth, the trees, the air, the sun and all the wonders that the poet had so splendidly celebrated. But he never said so. Not once did a complaint pass his lips, however much he suffered and that appears to have been abominably. The last days, the pain left him somewhat in peace: he had by then become insensitive through the abundant injections of morphine.

Wednesday afternoon I got a telegram: Rik died midnight. The following day, I saw him again, in the hospital morgue, he lay under the white sheets with his made-up, emaciated face that had been guaranteed a noble success here: all critics agreed that here spoke an artist of exceptional talent; and now this beautiful life has to end so miserably. It is terrible.

While I was just walking through the rooms of Audretch with Rik's wife, where they were busy preparing the exhibition of his works, I saw three of Rik's last works done after the major operation. What a difference from his earlier work. How sombre everything has become! But how real, how much pain it causes... (...)

Art depicts all of life's possibilities and is therefore an

epic of the human being. Rik Wouters always succeeded in capturing the unforeseen, the momentary and with a few strokes he reduced it to its greatest essence. Everything present was transformed by the artist with glass-like transparency and depth into the playful joking of a cheerful day. Through the high measure of clarity, through the simplicity of the line, the character of the artist finds its most powerful expression.

Emerging from this is the irreplaceability of the human talent of the artist in his range of observation, his vividness of emotion, the passion of his temperament, his capacity for understanding.

Liberated from the compelling character of the subjects, the art of painting rediscovers its pictorial force, its love for paint and its materiality.

The Italian painter Carlo Carrà wrote:
It is the common ordinary things, that reveal the simple forms, with which we become aware of the higher state of being, that is so much richer in meaning and where the entire splendour of art is established.

When that which belongs to the ego and that which lays outside the ego get together with each other in creative hands, the creator and the spectator come to a better self-understanding.

Rik Wouters himself said in one of his letters:
As for me, life, that is painting, modelling and drawing, is just as simple as eating. I only have one model: Nature. Her beauty is infinite, and I assure you that I shall get around to getting enough out of her, with the purpose of organising her in my way, sculpturally and pictorially speaking.

Roger AVERMAETE, *Rik Wouters*, Brussels 1962.

Olivier BERTRAND. *Les Peintures / De Schilderijen* (The Paintings), Antwerp 1995

Olivier BERTRAND and Stefaan HAUTEKEETE, *Rik Wouters. Kroniek van een leven*, Antwerp 1994

A.J.J. DELEN, *Rik Wouters. Zijn leven. Zijn werk. Zijn einde.* Antwerp 1992

Nel WOUTERS, *La vie de Rik Wouters à travers son œuvre*, Brussels 1944

Stefaan HAUTEKEETE, *Rik Wouters. Ontwikkeling en betekenis van het picturale oeuvre*, Antwerp 1997

Rik Wouters

STEFAAN HAUTEKEETE

With the theme of the human figure as guideline, we plan to shed light upon Wouters' artistic evolution, while emphasizing his pictorial work. This overview takes us back to 1894, when Wouters was learning woodcarving from his father, a furniture-maker. From 1898 to 1901, he studied sculpture at the Mechelen Academy, where he also took drawing lessons. Painting, on the other hand, was something he practised completely by himself. It was only in the Sunday 'painting' class conducted by Jan-Willem Rosier in the 1899-1900 school year that he may have been given a few pointers in regards to painting technique.[6] At the request of Wouters' father, the Mechelen sculptor Théo Blickx supervised Rik during his studies at the Academy. Wouters' father also put aside money for paying Blickx, but Rik used most of the money himself to buy paint.[7] Blickx turned out to be an inspirational mentor who really aimed to lead the young man's personality into full bloom. He gave him technical advice regarding drawing and clay modelling, and provided him with a live model.

From late 1900 onwards, Wouters further studied sculpture at the Brussels Academy. Virtually none of his sculpted pieces from this period remain, but some of his attempts at painting have survived. These are mostly portraits, showing the typically cautious approach of an autodidact. In *Portrait of a man* [cat. no. 9] and *Kobe of Mechelen* [cat. no. 6] Wouters aims for a good likeness of his model. The expression remains serious and closed. The contrast of light and dark and the solemn pose give his *Self-Portrait* [cat. no. 10] a rhetorical character. As a cautious beginner, he followed the academic line. Just as traditional is the tonal modelling achieved by using a range of dark colours. The rather tame strokes, heavy loaded with paint, look a bit laboured. The young Wouters liked soft lights such as moonlight, that cast a refined aura over the entire

motif. In order to evoke a silvery twilight in his painting *A fairy tale* (now destroyed), he prepared delicate mixtures on his palette, which looked disappointingly dim on the canvas. Hoping to bathe his figures in a pearly light anyway, he added touches of unmixed colour. But all the extra effort only managed to make the painting look heavy and laborious. Nel Wouters pointed out that in those days his technique often played tricks on him, resulting in a congested texture.[8] This cannot be verified, as Wouters burned the paintings he wasn't satisfied with. But sentimental motives saw to it that the first portrait of his wife remained intact. In that portrait [cat. no. 7], the cool light creates a rarefied atmosphere, with an eerie effect similar to contemporary Symbolist paintings. Nel is shown in profile, with mysteriously closed eyes, and her pale features seem slightly abstracted. There is a certain detachment from reality here, which can also be noticed in the playful-melancholy *Portrait of Dandois* [cat. no. 8]. This is related to Wouters' intimate nature, which comes forward in this period. He enjoys retreating into nature or dreaming away into an ideal world, sometimes nourished by literature. This is borne out by the somewhat allegorical-symbolist theme in *A fairy tale*, (a child pointing to the moon, reflected in the water of a pond, while naked young women bathe by the edge), as well as by *Le Paradou*, a small painting he created after reading Emile Zola's novel «La faute de l'Abbé Mouret». Wouters' rejection of his immediate environment as a source of inspiration reveals his adhesion to academic concepts.

The years 1906-1907 were a turning point, with Wouters gradually renouncing stylistic formulas and artificial themes. Nel noted: *Rik has told me how disgusted he is with all the nudes exhibited in the art salons [...] He has had enough of modern sculpture evoking a fake Olympus. A lum-*

berjack carrying his axe into the woods seemed much more noble to him than all those frozen Venuses[9]. A black chalk drawing of a man with an axe [ill. 2] proves that he did indeed consider creating such a realistic sculpture.

On a technical level, he also broke free from the academic shell. A few modest, small-size still-lifes and interiors were created, in which he explored his medium. Probably owing to the experimental aspect of these works, Wouters used cheap material such as cardboard and paper, although his tight financial situation may also have played a role here. Rather than the artificial character of his earlier portraits and open-air compositions, Wouters now chose the unpretentious poetry of Nel sitting in the garden or ironing in the sitting room. He had now learned how to apply his colours with great fluency, in sharp contrasts. Thus, his understanding of the constructive possibilities of the opposition of pure, unmixed colours grew ever larger. Greater spontaneity endows many sketches from 1907 with suggestive power.[10] Sometimes the paint is applied very dry, a striking feature in some of these works. This reveals Wouters' quest for an airy technique, which is in keeping with his wish to create his own idiom for the evocation of light. In Wouters' time, the successful luminism was gradually reduced to a trendy formula. Numerous occasional painters systematically doused their painting with light by adding series of brightly coloured strokes. That resulted in heavy, laboured textures that Wouters considered incompatible with the poetry of light floating around.

His critical attitude towards luminism was shared by a multitude of artist-friends working in Brussels. As of the summer of 1907, most of them, including Edgard Tytgat, Jean Brusselmans, Anne-Pierre de Kat, Fernand Verhaegen and Fernand Wéry, came to visit Wouters in Watermaal-Bosvoorde.[11] Another meeting place of the so-called «Brabant Fauvists» was brewer Frans Van Haelen's house «The little fountain», near Linkebeek; the owner was a renowned connoisseur and patron of the arts. The group also met in Auderghem, in the home of painter Auguste Oleffe. The latter loathed the academic rules and swore by the value of spontaneous, instinctive feelings. Wouters' contact with Oleffe doubtlessly stimulated and hastened his gradual transition to a freer expression. Some 1906 watercolours by Ferdinand Schirren, with their pure and feathery touches of

colour, may also have opened new perspectives for Wouters. It is not proven, however, that Wouters ever saw the daring aquarelles. They were not exhibited in those years, and a certain rivalry between the two artists had been initiated in 1905, when Rik married Nel Duerinckx, Schirren's former model and girlfriend. Moreover, *Le Paradou*[12], which was created away from any possible influence of Schirren, already showed signs of all the distinctive features that characterise Wouters' 1907 paintings.

One experiment Wouters certainly benefited from was washing his pen drawings with ink or watercolour. Such pure use of this medium further cleared his eye from the overly delicate mixtures he was working with in oil painting. Regular visits to Brussels art salons, including La Libre Esthétique, also increased his horizon. In his 1906 and 1907 studies, certain analogies with the paintings of Willem Paerels, Auguste Oleffe and Henri Evenepoel can be noticed. The warm colours in *Interior with two men* (1907) recall certain pub or street scenes by Evenepoel, while the loose treatment of the table points towards James Ensor's earlier *Salon bourgeois*. Ensor's refined suggestion of intangible light especially aroused Wouters' admiration.

In 1908, his technical skill had increased so much that he felt ready to meet the challenge of his idol. He painted a number of superb, large still-lifes and interiors, whose elaborate composition strongly refers to Ensor.[13] In *Lady in black* [cat. no. 22], all his attention is focused on the dim light that reveals the existence of objects while affecting them at the same time: fireplace, chair and floor evaporate into immaterial dancing flecks of colour. Just like Ensor, Wouters is fascinated by the metamorphoses of colours resulting from shadows and reflections, as in the purple reflection that Nel's dress is casting upon her red hat. In order to add accents of light on the hands and the little vase, he uses a palette knife to set white highlights over the thin undercoat. The use of this painter's tool derives from his awe of Ensor's virtuosity with it. The lit wall behind Nel in *Lady in black* displays a richly textured symphony of nervous, thick strokes. This accented, impulsive way of painting with a palette knife connects Wouters to the figureheads of so-called native impressionism[14], such as James Ensor, Auguste Oleffe, Guillaume Vogels and Louis Artan. Wouters also joins them in their choice of colours. Instead

of the sunny effects of luminists and pointillists, he does after all choose a dark autumnal palette.

To Wouters, attention to light means more than simply recording optical impressions. Following Ensor's lead, he gives light a deeper implication: in *Portrait of Rik with a black hat* (1908), it creates an intimate mood that contributes to the emotional characterisation of the figure. However, Wouters does not go as far as Ensor, who gives light a symbolic role. In Ensor's painting *Dark lady* (1881)[15], a mysterious semi-darkness fills the room with an ominous atmosphere. The woman seems to be paralysed with fear or grief. Ensor is not indifferent to her, but he keeps his distance. Wouters' interior in *Lady in black* is also shrouded in partial darkness, but this does not affect the woman's cheerfulness. She greets the viewer with a spontaneous, disarming smile. Wouters expresses himself directly: his painting conceals no mystery, nor does light carry inner conflicts. In Ensor's *Salon Bourgeois* [ill. 3], heavy shadows disturb the peaceful atmosphere. Unsuspected fears emerge and the figures appear lonely. In Wouters' *Interior, two figures* (1909) [ill. 4], on the other hand, the figures lean towards each other in conversation and a good mood prevails.

His fervent admiration for the pioneering master does not turn Wouters into a slavish follower. He never tries to imitate Ensor's symbolistic content. This also explains their different conception of the human figure. In *Lady in black*, Wouters avoids detailing the folds of the dress, the better to treat the figure as a global entity, a compact, tightly drawn shape. This synthetic approach shows a talent for designing broad masses, sharpened by Wouters' activity as a sculptor. The motif of this grandly articulated figure may have been inspired by 17th century genre paintings by Vermeer or Rembrandt, in which women are shown in profile. Closer to him, there is Whistler's *Portrait of the artist's mother* (1871) [ill. 5], with which the *Lady in black* shows great affinity. Wouters owned a reproduction of Whistler's painting [ill. 6] and a certain influence cannot be ruled out. Remarkably, Wouters surrounds the figure with an elliptical contour, giving her shape an organic quality. Whistler's approach is, like Ensor's, only descriptive. Unlike Ensor, Wouters limits the alterating effect of light. He maintains the solidity of the figures and strives for a firm structure. More than Ensor, Oleffe - who designed his compositions

with great care - probably inspired Wouters to a dynamic picture arrangement. A striking feature here is the polarisation between the suggestion of depth and the surface. In *Lady in black*, Wouters creates the illusion of a room. However, he does not place the woman in the room's space, but rather in front of it, so she seems glued to the backdrop. Despite the lack of movement, the rhythmical flow of contours is full of energy. The broad curve of the figure is merged in and balanced by the converging outline of the chair, whose proportions are exaggerated. Thus the piece of furniture counters the weight of the figure and acts as bridge between foreground and background. It seems to prevent the woman from sliding out of the painting. The same spatial ambiguity prevails in *Interior, two figures.* In a number of related drawings [cat. no. 67b], the sitting room is shown completely and clearly three-dimensional. In the painting, Wouters chose to cut off the picture at a lower level and to slope the floor in order to flatten the space. The painting's focus is thus entirely on the figures, especially since Wouters shows the scene at eye level instead of opting for a slightly higher perspective like Ensor.

Between 1908 and 1911, besides measuring his talent against Ensor's, Wouters explored a more synthetic procedure in a few experimental paintings. *Portrait of Rik in a black velvet coat* (1908), for example, was painted very quickly, in one creative blast without any preparatory drawing.[16] The palette knife is not used here to build layer upon layer, but to spread the paint quickly into broad strokes that define the torso. Under the paper-thin strokes, the canvas remains visible and reflects the light. Even bolder, a few figure pieces from 1910 and 1911 are not painted with the palette knife, but with a brush used almost as a drawing instrument.[17] In *Woman sitting in front of an open window*[18] [cat. no. 90], the square touches give way to rustling lines alternating with sharp hatchings and points. It is Wouters' attachment to reality that leads him to such a dazzling technique, suited to the immediate capture of any image that catches his eye. But the quest for a dotted technique, which runs continually through his early work, remains and culminates in 1911. The innovative character of paintings like *Portrait of Karel Wouters*, *Child with dummy* and *Portrait of Rik (without hat)* stems from the fact that Wouters now adds a greater proportion of turpentine to his paint to make

it thinner. When the dosage is right, the colour retains its depth while the paint becomes more fluid. Dipping his brush sparingly in this volatile mix, Wouters can now paint lines as fluently as in a drawing. In addition, he spreads his paint so thin that the canvas remains visible underneath the colour and reflects the light like paper in a watercolour. This evolution proves decisive in Wouters' unique painting technique; it seems, moreover, to result from a conscious pursuit. This is indicated by his choice of words in a comment on a painting by Henri de Braekeleer: *very fluent, like an aquarelle painted in oil.*[19] Wouters was certainly impressed with the whimsical fluid lines, which are a trademark of many later works by De Braekeleer!

Wouters allied painting and watercolour as much as he could and even involved drawing in the process. In *Nude in a wicker chair* (1911) [cat. no. 78], the blurred chalk creates thin coloured zones as luminous as those in the corresponding painting. Wouters was the only one in Belgium at that time who took advantage of the lighting possibilities of the canvas in such a radical way. Just as with his luminist predecessors, the painting is glowing with light, but it does not suffocate under heavy gobs of paint. It is precisely the spareness of his flecks of colour that causes their luminosity. While original, this is not entirely new: in France, an dematerialised technique already appears before the end of the 19th century with Paul Cézanne and Paul Gauguin. Since 1909, Simon Lévy had been informing his Belgian friend about Cézanne. Cézanne's quest for a firm composition strongly appealed to Wouters and by 1911, he was completely under the spell of the French master. This probably explains the persistence of form definition and solid structure which characterise Wouters' paintings from 1911 on. In *Portrait of Rik in a white shirt* (1911) [ill. 7], one is struck by the emphatically self-enclosed form of the male figure. The carefully considered, flat structure - although not really new - may refer to Cézanne. The twilight of Ensor's interior scenes is now broken by placing the model next to a window. Light floods the *Portrait of Rik in a white shirt* and is evoked in fresh colours, which are a far cry from the dim palette of Ensor's compositions. The expression of colour is heightened, as in the *Portrait of Rik without hat* (1911): defiant shades like blue, purple and dark green astutely suggest the face's volume by taking advantage of the cool and warm characteristics of colour. *The sand pit* (1909-1910) also establishes Wouters' deep knowledge of the architectonic possibilities of colour.

In 1912, thanks to the success of his exhibition at the Galerie Giroux, Wouters was finally able to make a trip to Paris, where he discovered the newest trends firsthand. Confronted with the wealth of colours of the French impressionists, he began in 1912 to use bright tones more generously. He paints outdoors more often: women with parasols in sun-drenched lanes, especially in the Forêt de Soignes. From 1911 on, Giroux obtained a credit for Wouters in F. Mommen's art supplies store and Rik could devote himself entirely to his feverish urge to work. In 1912, he painted 28 works in which a female figure appears, often absorbed in one activity or another: reading, arranging flowers, looking out the window, ironing, etc.[20] Wouters shared this delicate attention to woman with Auguste Renoir, whose art had greatly excited him when he had seen it in Paris. Renoir, however, was more distant and never allowed the woman's glance to question or challenge the viewer. His protected world remains strictly limited within the frame of the painting. Wouters, on the contrary, spans a bridge between the closed world of the painting and the spectator. In the *Portrait of Mrs. Rik Wouters*, Nel looks at us warmly. There is something passionate in her expression, which openly displays the intimate bond between Rik and her. Renoir chooses his models carefully and makes them pose in a sometimes very refined environment. He feels an almost physical pleasure at each stroke that further shapes the woman's body. Wouters spontaneously picks images from his daily life and strives to fix the charm of the moment in a swift and summary «drawn painting».

This approach forced Wouters to be very demanding about his materials. His brush had to be flexible and elastic because he handled it as fluently as his drawing instruments. The canvas couldn't be allowed to absorb too much paint, because this would cause dull spots as in the *Portrait of Ernest Wijnants, first state* (1912) [cat. no. 57]. This is why in 1912, he also tried out non-absorbent semi- and extra-fine linen. He also prepared the canvas himself, in order to control their degree of absorbency. He opted for white or light-beige priming in very pure oil paint, thereby increasing its light-reflecting capacity. His many experi-

ments with paint, brush and canvas allowed Wouters to conquer all technical problems by the spring of 1912. Grand works were created, like *The education A* and *B, Interior D* or *Lady in blue with amber necklace* and *Birthday flowers*. They look like translucent veils of colours, which absorb the light and reflect it, even in the darker parts. This eliminates any impression that a dim light splits the room into light and dark zones, like in earlier paintings. The luminosity of his technique gives the impression that the figures are animated by a light emanating from the painting itself (inner light). Even so, chiaroscuro is still present, in the faces for instance, suggesting a real light source shining from outside the representation (external light). Wouters does not abandon this duality because, like the impressionists, he perceives light as an optical force that must interact with the motive. In the *Portrait of Ernest Wijnants, second state* [cat. no. 58], for example, he shows light falling upon the man from the right and shrouding half of his face in darkness. The figure throws a wide shadow on the chair, while a single speck of light shines through under it. Wouters feels attracted to images that really bathe in light. He often depicts mirrors, frames, globes and windows, ever playing with their reflections. His interiors are sparkling with a shimmering light, created by the sketchiness of his method: streaks and dots do not merge seamlessly, but leave small untouched areas of canvas between them. These white accents highlight the coloured zones and contribute to the impression that light is circulating. The level of this vibration varies from one painting to the other, so that the presentation ranges from formal to almost disintegrated. At this end of the spectrum one finds *Woman ironing* (1912) and *Interior E* (1912). Here, the enchantment of light goes so far that some objects lose their materiality and some parts become formless. In other paintings, the flecks of colour remain within well-defined zones so that the shimmer of light is reduced and the picture retains its stability. Example of the more constructive tendencies are *The education B* (1912) and *Birthday flowers* (1912), whose compact composition depends on almost closed surfaces of colour.

In 1913, Wouters began to feel that his enthusiasm for plays of light was limiting his creativity. This self-criticism fit into a broader dissatisfaction: Wouters evaluated his creative process as too slavishly tied to reality. In this period, he had frequent contacts with Ensor, whose bust he was modelling. Confronted with this 'spiritual sphinx', he found himself lacking not only spiritual depth, but also the guts to interpret his motive by drawing on his imagination. He confided in a letter to Lévy: *nothing pleases me and I always feel like doing something from memory or just to work out a few sketches. And then I begin to hesitate and time goes by and every morning, I try to convince myself that one doesn't always have to paint the things that one has before one's eyes.*[21] Wouters' artistic crisis unfolded as cubism and futurism were breaking through. Although he wasn't too enthusiast about these progressive movements, they doubtlessly made him take a sharp look at the non-revolutionary aspect of his personal vision, in such a measure that in the summer of 1913, he pushed back his boundaries and, in *The ravine B, Autumn* [ill. 8] and *Pink alley B*, somewhat allowed the traditional grasp on nature to slip. For *Autumn*, Wouters first made drawings and aquarelles at various locations.[22] On the painting, he merged the sites into an imaginary one. The eye springs freely from one fragment to the other, while how the woman relates to her environment remains an enigma. The effect of external light on the figures, as it existed in the 1912 interiors, is almost non-existent here. Wouters seems to animate the picture only by line and colour indications on a glowing surface. Light is absorbed by colour, which literally explodes and in some sections even loses its object-bound character (as in the bright yellow fields). Besides colour, the line also acquires autonomy and serves a strikingly decorative purpose. Let's notice, for instance, the almost ornamental composition of the red zone behind the woman and the arabesques of the plant. The female figure is surprisingly static and her impenetrable gaze is puzzling. Her face is somewhat elongated and the features are rather synthetic. The peculiar iconography and strange glowing colours make *Autumn* an unusually fascinating and singular painting.

In 1914, Wouters painted three more paintings that do not depend on direct observation: *Women bathing in the forest, Characters in the pine forest* and *Reclining woman*. It should be mentioned here that Wouters intended to have tapestries woven from these paintings.[23] To what extent this intention influenced their form remains uncertain. It is obvious, however, that they characterise Wouter's shift

towards a more decorative concept. Perhaps his watercolour and pastel projects for the stage sets of 'Tom Thumb', with their freer approach of colour and space, acted as a catalyst. His 1914 tapestry designs were also based on watercolours as well as figure and landscape drawings. [cat. no. 35] For *Figures in the forest*, an aquarelle, [ill. 9], Rik had Nel pose near a pond in Groenendaal[24] and turned her in an imaginary, animated group of seven female figures. In a way that is unusual in his work, the characters renounce their individuality through a process of bold simplification. They blend in with the natural elements to form a singing entity of colour and light, almost as in Fauvist works.

For Matisse and his followers, the stimulus of the motive was the starting point of an exciting pictorial adventure. Gradually, the visible world moved into the background and the inner experience came forward, expressed in liberated pictorial means. In the end, these determine which effect the painting has on the spectator. With Wouters, line and colour acquire an individual character, but their purpose is still to serve an image of nature, however subjective it may be. This explains Wouters' loyalty to three-dimensionality and volume. His strong curves are not only decorative but also organise the composition. In *Autumn*, the little houses are designed like a series of rhythmically connected cubes that lead the eye into the depth of the painting. There is no lateral expansion like in Fauvist paintings, which are constructed as juxtapositions of flat areas. Even when colours are unreal, after Cézanne's example, they still indicate volumes, as in the *Portrait of Simon Lévy* (1913) [cat. no. 89]. Wouters uses them to give Lévy a penetrating look that betrays a sharp consciousness of their mutual observation. In Matisse's *Portrait of Derain* (1905)[25], the face is turned into a flat surface. The expression resides chiefly in the alluring colour. Without hesitation, Matisse distorts the natural shapes in *Blue nude* (1907)[26] in order to create an abstract figure of almost ornamental power. Wouters' *Nude study, woman arranging her coiffure* (1912) also has astonishing simplicity, but here it derives from the swiftness of the realisation. There is flesh and blood in the nude female body, the skin glows in the light and the sensuality is obvious. As a trained sculptor, Wouters always remained in love with the tangible form. Even in the imaginary works from 1913, such as *Figures in the pine forest*, the

bodies of the female bathers do not dissolve into uniform flecks of colour like in the 1905 *Sketch for «La joie de vivre»*[27], instead, their constructedness refers to Cézanne. Matisse grants his simplified shapes a rhythm which creates a sensual well-being that transcends concrete reality. The foundations of his work are pure colour, bold arabesque, and ornamental surface. All these elements are present in the 1912 *Portrait of Mrs. Wouters*, but not on their own terms. Their function is to create an intimate atmosphere, however intense the colour and emotion may be.

In 1913, Wouters' increased practise of watercolour led to further refinement of his oil-painting technique, as revealed in a series of 1914 paintings that include *The flute player* and *Woman in blue in front of the mirror*. They show an unprecedented accuracy and a superior sense of synthesis. Where textures used to vary from very thin to slightly creamy, Wouters was now able to apply evenly transparent colours over the entire canvas. As a result, all colours had the same degree of saturation and Wouters achieved a kind of chromatic modelling. His initial knowledge of the architectural possibilities of colour had been clearly improved by his abundant practice of aquarelle and by his discovery of Cézanne's art. The use of finer canvas with a matte surface allowed Wouters to erase all traces of the painting process, and the dots merged into well-defined colour zones. Thus the unpainted areas in *The flute player*, for example, no longer give the impression that shapes are affected by a shimmer of light; these areas are given a constructive function instead. Nothing is left to disturb the feeling that a stable light is generated by the canvas itself, and that the image comes to life through colour variations. Light as a creator of atmosphere, interacting with the figuration is gone from the 1914 paintings. This did not mean, however, the end of Wouters' attraction to hovering, frolicking light. He still painted mirrors, frames, globes and windows, where colourful reflections danced wildly within their assigned frame. They made the composition more dynamic without undermining its solid structure. Precisely because of this quest for an alliance of free-flowing light and lasting composition, we propose to include him among the post-impressionists[28], represented in France by Vincent Van Gogh, Paul Cézanne and Paul Gauguin.

Cézanne's art particularly intrigued Wouters, and

encouraged him to create powerful ensembles of surfaces and volumes. In that respect, a painting like *The education B* is clearly a tribute to Cézanne's *Portrait of Gustave Geffroy* (1895-96) [ill. 10], a large reproduction of which adorned Wouters' dining room since 1911.[29] However, the resemblance is not absolute. In *The education B*, all sections are woven into an elliptical movement. This focuses the attention on Nel as the key figure around which the composition revolves in lyrical arabesques. The compact, effervescent structure brilliantly supports the sensuality of the painting and stands in strong contrast to the geometrical pattern of Cézanne's *Geffroy*. While Wouters opted for wildly dynamic solutions, Cézanne aimed to neutralise the various impulses of movement. Wouters never shared Cézanne's cautious method, he worked more impulsively, even in terms of colour. Like Van Gogh's, Wouters' colours are sensual and often emotionally charged. The white areas in *The ailing woman with white shawl* (1912) give the model a certain vulnerability, whereas the intense red of *The red curtains* (1913) propagates an unbridled, exuberant feeling of life. Wouters' nervous touch reveals an intense abandon completely unlike Cézanne. Because each stroke of the brush, however fleeting it may be, aims to contribute to the modelling, passion vibrates in every fibre of the canvas. Simon Lévy's coat [cat. no. 89] appears as a symphony of dots, touches and brush strokes, feverishly painted at an exuberant pace. Lines and colours blend harmoniously. This explains why the figure has such pertinent volume, without Cézanne's chunkiness, where dots are outlined with darker contours. Wouters does not adopt Cézanne's life-stilling geometry. The *Portrait of Mrs. Wouters* teems with life and energy, with intense sensuality. Cézanne impresses a lasting stamp on his figure, notably by their motionless pose. Wouters captures his models in supple, fleeting poses. Nothing about them is ever hieratic as with Cézanne, whose characters are given great monumentality: they appear withdrawn from time and space and emanate an aura of majestic peace. To this suggestion of eternity, Wouters opposes his intimate world, caught at a sublime moment. This glorious moment is still alive in the final painting, in which the initial emotion lingers on. Cézanne's work is also based on reality and the emotion it generates in him, but on the canvas he chooses to show not its temporary occurence, but

its essence, solid and everlasting. Through a meticulous refining process, he creates a painting in which his emotions are transposed and expressed enigmatically.

Wouters himself also probably understood this essential difference with Cézanne. Under this latent influence, he sometimes doubted the value of his own creative patterns, as seen in Nel's notes: ... *reflecting on the multiple sessions that Cézanne needed to make a painting, convinced that quickly seen, quickly done» was no longer an adequate way of expressing himself. He seemed to be ashamed of this astonishing ability he had.*[30] In his stenographical approach to painting, Wouters often left parts of the canvas unpainted. A large section of the public of those days seem to have been unwilling to accept this uneven and rough technique, which was the opposite of their cliche of a lavishly brushed painting. Could gallery owner Giroux have possibly urged Wouters, for commercial reasons, to complete his paintings in a more conventional manner? The question hasn't been answered. But there are no indications that Giroux ever put pressure on Wouters and we know that the artist already had doubts about the finish of his paintings before signing the contract on April 15, 1912. This is shown in a letter from May 20, 1911: *My biggest worry now is to find a way to start a painting and finish it completely. I believe this is the best preoccupation. This way, there is always more to see in a painting, because quickly seen is quickly painted, as they say.*[31] Even in such lovely paintings as *Portrait of Ernest Wijnants, second state*, and *Lady in blue with amber necklace*, he was not convinced of his success.[32] Perhaps Wouters' doubts were also fuelled by some comments in the press, that criticised his paintings for being too unrefined.

The modern-day spectator, on the other hand, appreciates Wouters' paintings precisely for their sketchy, uninhibited freshness. The transparent technique creates an airy surface, that has lost nothing of its youthful allure after almost one hundred years. In addition, the «open technique» gives the painting a special liveliness: it looks as if it is constantly recreated before the eyes of the viewer. This implies an uncommon accuracy and mastery of form, that Wouters acquired through a cross-fertilization of his activities as sculptor, draughtsman and painter. Sculpture made him familiar with the smallest parts of the human body, while drawing was where he practised a quick and accurate

rendition of his subject. Despite their concision, his drawings offer - thanks to Wouters' experience with volume - a convincing suggestion of form.

The number of Wouters' sketches is overwhelming and bears witness to his passion for this medium. He drew continually, almost obsessively, even in the most unusual situations, as for instance on the roof of his yet unfinished house, in the army with his regiment in Lier or in the hospital. In the stream of subjects that Wouters captured in his drawings, one would often stand out and he then turned it into a painting. This is why so many paintings have corresponding drawings and aquarelles in which the subject is entirely or partially represented. More than in his paintings, Wouters felt free here to explore all sorts of styles. The explicit facetting of *A fantasy portrait* [cat. no. 62], for example, is a parody of cubism. In *Boatmen with a hook* [cat. no. 37] and *Dutch servant girls* [cat. no. 36], he tried out ideas that not only the expressionnists, but also the cubists and futurists experimented with. The flat layout of *Boatmen with a hook* is especially innovative. The distortion of faces, the angular silhouettes and degree of stylization unmistakably show the emergence of a new form of expression. Unlike the German expressionists, however, Wouters never opted for a radical disfiguration of nature. There is no trace of primitive violence or fascination with ethnic art in his painting, like in the works of Die Brücke. The atmosphere is much more light-hearted and most often reveals a carefree contact with reality. His nude drawings are straightforward, but without the raw erotic force of the Germans. Nonetheless, Wouters' drawings have a strong modernity that stems from a self-conscious use of his medium. The trace of an sensual arabesque glistening in jet-black ink on the white paper is interesting in itself - independently from any imitation of form - and its calligraphic quality recalls Chinese-Japanese ink paintings. Also oriental is Wouters' quest for drastic simplification. He wanted to reproduce the form in its essence, not by minutely describing every detail, but through a global synthesis. It is up to the spectators' imagination to animate the small lines and hatchings into people, objects, sparkles of light... Wouters himself noted: *One has to draw without hesitation [...] and if a line does not look right, one starts over again. One has to learn to see clearly, and to draw like one writes, to state in one tight line what one has to say.*[33] He was always looking for the one line that «said it all». Sometimes the shape escapes him and contours fan out, resulting in a graphic jumble that stifles the drawing. But in other cases, no more than one single buoyant curve is needed to evoke an entire movement or a whole figure. This quest for the ultimate synthesis runs parallel in both his drawings and paintings.

In the 1915 sheets especially, he often reaches masterly expressiveness with minimal means. This conciseness is also found in paintings of that period and must be seen in relation to his failing health. From September 1915 onwards, he was often hospitalized. Illness undermined his strength and necessity led him to an even more laconic style.[34] Colours became more sombre. Muted combinations of red, bluish grey and a sometimes cool green prevail in *Portrait of a woman in a tulle blouse* (1915). This tendency was already present in aquarelles of the army camp in Zeist (autumn 1914-May 1915). The impression of a sun-drenched scenery disappears. Wouters is no longer moved by the reflections that gave the clothing a translucent quality. He concentrates on the human figure, giving it a more massive and robust appearance with more angular lines, as in *The ailing woman with white shawl* [cat. no. 46]. The increasing simplification makes the surface division that structures the painting more evident. By foreshortening the figures and placing them in the foreground, as in *Summer afternoon* [cat. no. 47], he achieves a monumental, dynamic effect. In *Rik with the black eye-patch* [ill. 11], the left slant of the figure is balanced by the diagonals of the red curtain and the edge of the chair below. The thrust of those two axes invigorates the composition and increases the dramatic impact of the painting. The unadorned way in which Wouters depicts his personal drama gives the work a deep humanity that leaves no one indifferent. This painting is one last illustration of the fact that man and work are inseparably linked in Wouters' oeuvre, and that their agreement is not always cheerful.

Precisely because Wouters makes us share his emotions so eloquently, we might speak about an expressionistic attitude. He does this with an inimitable directness, without going through the abstraction process of the Fauvists or Cézanne. This explains the extraordinary emotional authenticity of Wouters' work, which is the essence of his unique contribution to modern art in Belgium.

1 With thanks to my friend Nikolaas Demoen for proofreading the manuscript.

2 Additional information about these and all other works by Rik Wouters mentioned in the text, in S. Hautekeete, *Rik Wouters. Ontwikkeling en betekenis van het picturale oeuvre*, Antwerp, 1997, pp. 247-252. (Simultaneously published French-language edition *Rik Wouters. Développement et portée de son œuvre peint*. Translation by N. Trouveroy). This study is based on my M.A. thesis *Stijlanalyse van Rik Wouters' picturaal oeuvre*, RUG (State University at Ghent), 1988.
Unless acknowledged otherwise in the text, as a rule, for the paintings we use the titles and dates from O. Bertrand, *Rik Wouters. Les Peintures: Catalogue raisonné / Rik Wouters. De Schilderijen: Catalogue raisonné*, Antwerp. 1995.

3 In one of the draft versions for her monograph published in Brussels in 1944, *La vie de Rik Wouters à travers son œuvre*. These annotations are stored in the Archives and Museum of Literature, Royal Library of Belgium Albert I, Brussels. (From hereon referred to as ML).

4 In connection with Rik's visit to his solo exhibition in the Municipal Museum in Amsterdam from 22 January to 15 February 1915. ML 2141/1b (s.p.) Own translation from the French original.

5 W. Vanbeselaere, *De Vlaamse schilderkunst van 1850 tot 1950*, Brussels, 1961, p. 148, p. 174.

6 «Plechtige Prijsuitdeling aan de Leerlingen der Academie van Beeldende Kunsten, 1900» («Solemn Distribution of Prizes to the pupils from the Academy of Fine Arts, 1900»), conserved in that place.

7 The incident once again underlines Wouters' youthful urge to paint. However, it does not appear to us to be sufficient grounds for asserting that Blickx taught Wouters how to paint, see W. Van den Bussche in the exhibition catalogue *Rik Wouters (1882-1916)*, Provincial Museum of Modern Art, Ostend, 1994, pp. 8-9. We dealt with this question in more detail in S. Hautekeete, op. cit., *De Mechelse vormingsjaren*, pp. 13-19.

8 N. Wouters, op. cit., p. 9

9 N. Wouters, op. cit., p. 14. Own translation from the French original.

10 To quote only *The terrace in the herb garden of Mechelen, Study of a woman in blue, in a garden, Interior with two men seated*.

11 N. Wouters, in an interview, published in Le Soir, Brussels, 24.02.1966. Own translation from the French original.

12 Based on a statement by Nel Wouters (in a letter to Ludo van Bogaert dated 26.07.1960, ML 2626/124), O. Bertrand (op. cit., p. 26) reports that *Le Paradou* was painted in Mechelen. He gives the date as being «end 1905». By way of precaution, we have let the date coincide with the entire period of Wouters' stay in Mechelen, namely from May 1905 until June 1906.

13 They are, in addition to the works discussed here: *Woman with grey gloves* (1911), *Interior of an etcher A* (1908), *The hare A* (1908), *The breakfast, white roses* (end 1910-beginning 1911).

14 Under influence from landscape artists Louis Artan and Hippolyte Boulenger, a Belgian variant of French impressionism developed during the years 1870-1880. It was dark in tone and there was a preference for loose and thick paint application.

15 Oil on canvas, 100 x 80 cm, Koninklijke Musea voor Schone Kunsten van België, Brussels.

16 On *Interior two figures* (1909), there are still visible traces of a first sketch in chalk.

17 They are, in addition to the works discussed here: *The hare B, skinned* (1908), *Interior of an etcher B* (end 1908-beginning 1909), *Portrait of Rik with velvet jacket* (1909), *Portrait of a woman with black hat, white feather*, (1910-1911) and *Sketch of Boitsfort, Coin du Balai* (1911).

18 The «drawing» manner of painting is applied more self-assuredly in a number of paintings from 1911, including *Child with dummy*. This is why it seems probable to us that *Woman seated in front of an open window* and *Portrait of a woman with black hat, white feather* were painted already in 1910. O. Bertrand (op. cit., pp. 72-74) dates both paintings as being from «1911».

19 Letter in French written to S. Lévy dated 12.01.1912, ML 2138/6, published in *Rik Wouters. Jalons d'une vie* (Chronicle of a life). The letters of Rik Wouters annotated by O. Bertrand and S. Hautekeete, Antwerp, 1994 (Dutch language edition *Rik Wouters. Kroniek van een leven*. Translated by J. F. Buyck), pp. 48-49.

20 For the rest, in 1912 he painted: 3 self-portraits, 3 portraits of his father, 4 portraits of Ernest Wijnants, 11 still lifes and 4 landscapes. See O. Bertrand, op. cit., pp. 83-148.

21 Letter from 31.10.1913, ML 2138/26, published in O. Bertrand, S. Hautekeete, op. cit., pp. 97-99. Original in French.

22 We know of one chalk drawing (Stedelijk Prentenkabinet, Antwerp) and one aquarelle (private collection) of a woman in front of a window full of reflections, a bowl with apples and a plant. According to Nel, they were created in their small renting house in the Dennenboomstraat. In addition, the David & Alice van Buuren Museum (Brussels) houses an aquarelle of the landscape seen from his new atelier in Place de la Citadelle. (Although not fully finished until the end of 1913, Wouters took up quarters with only the structural work completed, in order to be able to sketch the landscape).

23 N. Wouters, op. cit., p. 70.

24 Idem above.

25 Oil on canvas, 38,3 x 28,8 cm, Tate Gallery, London.

26 Oil on canvas, 92 x 140 cm, Baltimore Museum of Art, Cone Collection, Baltimore.

27 P. Matisse, *Sketch for 'La Joie de Vivre'*, oil on canvas, 40,6 x 54,6 cm, Museum of Modern Art, San Francisco.

28 As reaction to impressionism and neo-impressionism, the objective of this movement was a more formal concept of art and a revaluation of the subject. The name came into existence as a result of the exhibition «Manet and the Post-Impressionists», organized by Roger Fry in the London Grafton Galleries during the winter of 1910-11.

29 N. Wouters' unpublished notes, ML 2142/1, p. 39.

30 ML 2141/1a s.p.

31 Letter to S. Lévy, ML 2138/8, published in O. Bertrand and S. Hautekeete, op. cit., pp 32-35. Original in French.

32 Letter dated 8.2.1913 to S. Lévy, ML 2138/22, published in O. Bertrand and S. Hautekeete, op. cit., pp 78-81.

33 N. Wouters, op. cit., p. 19. Own translation from the French original.

34 The obsession with which Wouters still produced a number of drawings that year, reveals a grim tenacity to life.

CATALOGUS • *CATALOGUE* • CATALOGUE

cat.nr.:

1.	Rik met blauwe blouse (1914),
olie op doek, 77,5 x 62,5 cm,
Hof van Busleyden, Mechelen.
Rik à la blouse bleue (1914), huile
sur toile, 77,5 x 62,5 cm,
Hof van Busleyden, Malines
Rik with blue blouse (1914), oil on
canvas, 77,5 x 62,5 cm,
Hof van Busleyden, Mechelen.

2.	Het zotte geweld (1912),
brons H.200 cm, Middelheim,
Antwerpen (niet tentoongesteld)
La vierge folle (1912), bronze
H. 200 cm, Middelheim, Anvers
(pas exposé)
The foolish frenzy (1912), bronze
H.200 cm, Middelheim, Antwerp
(not exhibited)

3.	Lucienne Lamberty, kinderkopje lang
haar (1910 - 1911),
gips, 39 x 30 x 20 cm,
sokkel 6,5 cm, Museum voor Schone
Kunsten, Gent.
Lucienne Lamberty,
portrait d'enfant aux cheveux longs
(1910 - 1911), plâtre,
39 x 30 x 20 cm, socle 6,5 cm,
Musée des Beaux-Arts, Gand
Lucienne Lamberty, child's head long
hair (1910 - 1911), plaster,
39 x 30 x 20 cm, socle 6,5 cm
Museum voor Schone Kunsten, Ghent

4.	Zelfportret, artiestenkop, 1902, houts-
kooltekening op doek, 34,5 x 25 cm,
Hof van Busleyden, Mechelen
Autoportrait, tête d'artiste, 1902,
dessin au fusain sur toile, 34,5 x 25 cm,
Hof van Busleyden, Malines
Self-Portrait, as an artist, 1902,
charcoal drawing on canvas,
34,5 x 25 cm, Hof van Busleyden,
Mechelen

5.	Zonneschijn, gips (1908), 29 x 25 cm,
Gemeentelijk Museum, Elsene
Zonneschijn, brons (1908), 28 x 24 cm,

Artesia Bank
Rayon de soleil, plâtre (1908),
29 x 25 cm, Musée Communal, Ixelles
Rayon de soleil, bronze (1908),
28 x 24 cm, Banque Artesia
Sunshine, plaster (1908), 29 x 25 cm,
Communal Museum of Elsene
Sunshine, bronze (1908), 28 x 24 cm,
Artesia Bank

6.	Portret van Kobe van Mechelen
(1899 - 1902), olie op doek,
32,5 x 28,5 cm,
Koninklijke Musea voor Schone Kunsten van België, Brussel
Portrait de Kobe de Malines
(1899 - 1902), huile sur toile,
32,5 x 28,5 cm, Musées
royaux des Beaux-Arts de Belgiques,
Bruxelles
Portrait of Kobe of Mechelen
(1899 - 1902), oil on canvas,
32,5 x 28,5 cm,
Koninklijke Musea voor Schone
Kunsten van België, Brussels

7.	Portret van een vrouw in het grijs /
profiel (1903 - 1904), olie op doek,
71,8 x 51,5 cm, Koninklijke Musea
voor Schone Kunsten van België,
Brussel
Portrait de femme en gris /
profil (1903 - 1904), huile sur toile,
71,8 x 51,5 cm, Musées royaux des
Beaux-Arts de Belgiques, Bruxelles
Portrait of a woman in grey / profile
(1903 - 1904), oil on canvas,
71,8 x 51,5 cm, Koninklijke Musea
voor Schone Kunsten van België,
Brussels

8.	Portret van een jonge knaap (Victor
Dandois) (1904 - 1905), olie op doek,
46,2 x 35,2 cm, Koninklijke Musea
voor Schone Kunsten van België,
Brussel
Portrait de jeune garçon
(Victor Dandois) (1904 - 1905),
huile sur toile, 46,2 x 35,2 cm,

Musées royaux des Beaux-Arts de
Belgique, Bruxelles
Portrait of a young boy
(Victor Dandois) (1904 - 1905),
oil on canvas, 46,2 x 35,2 cm,
Koninklijke Musea voor Schone
Kunsten van België, Brussels

9.	Portret van een man (omstreeks 1900),
olie op doek, 46,5 x 38,5 cm,
Koninklijke Musea voor Schone Kunsten
van België, Brussel
Portrait d'homme (circa 1900),huile sur
toile, 46,5 x 38,5 cm,
Musées royaux des Beaux-Arts de Belgiques,
Bruxelles
Portrait of a man (around 1900),
oil on canvas, 46,5 x 38,5 cm,
Koninklijke Musea voor Schone Kunsten
van België, Brussels

10.	Zelfportret
(1903 - 1904), olie op doek,
99,5 x 62,5 cm, Koninklijk
Museum voor Schone Kunsten,
Antwerpen
Autoportrait (1903 - 1904),
huile sur toile, 99,5 x 62,5 cm, Koninklijk
Museum voor Schone Kunsten, Anvers
Self-Portrait
(1903 - 1904), oil on canvas,
99,5 x 62,5 cm, Koninklijk Museum
voor Schone Kunsten, Antwerp

11.	Torso van een jonge vrouw (1909),
brons, 60,5 cm, Hof van Busleyden,
Mechelen
Torso de jeune femme (1909), bronze,
60,5 cm, Hof van Busleyden, Malines
Torso of a young woman (1909),
bronze, 60,5 cm, Hof van Busleyden,
Mechelen

12.	Rosalie de weduwe, 1909, brons, bruine
patina, 24 cm, Artesia Bank
Rosalie la veuve, 1909, bronze, patine
brune, 24 cm, Banque Artesia
Rosalie the widow, 1909, bronze,
brown patina, 24 cm, Artesia Bank

13. Schrijvende vrouw, ets, 8 x 10 cm,
    Artesia Bank
    Femme écrivant, gravure, 8 x 10 cm,
    Banque Artesia
    Woman writing, etching, 8 x 10 cm,
    Artesia Bank

14. Portret van Rik tekenend, ets,
    13 x 10 cm, Artesia Bank
    Portrait de Rik dessinant, gravure,
    13 x 10 cm, Banque Artesia
    Portrait of Rik drawing, etching,
    13 x 10 cm, Artesia Bank

15. Oude boer (1e plaat), ets, 19 x 16 cm,
    Artesia bank
    Vieux paysan (1ère planche), gravure,
    19 x 16 cm, Banque Artesia
    Old farmer (1st. plate), etching,
    19 x 16 cm, Artesia Bank

16. Oude boer (2e plaat), ets, 19 x 16 cm,
    Artesia bank
    Vieux paysan (2ème planche), gravure,
    19 x 16 cm, Banque Artesia
    Old farmer (2nd. plate), etching,
    19 x 16 cm, Artesia bank

17. Vrouw voor het rode gordijn (1912),
    olie op doek,134 x 115 cm,
    Gemeentekrediet, Brussel
    Femme devant le rideau rouge (1912),
    huile sur toile,134 x 115 cm, Crédit
    Communal, Bruxelles
    Woman in front of a red curtain (1912),
    oil on canvas, 134 x 115 cm,
    Gemeentekrediet, Brussels

18. Portret van Rik Wouters ten voeten uit,
    ets, 16 x 14 cm, Artesia Bank
    Portrait en pied de Rik Wouters,
    gravure, 16 x 14 cm, Banque Artesia
    Full-length portrait of Rik Wouters,
    etching, 16 x 14 cm, Artesia Bank

19. Hoofd van Rik, ets, 18 x 14 cm,
    Artesia Bank
    Tête de Rik, gravure, 18 x 14 cm,
    Banque Artesia
    Head of Rik, etching, 18 x 14 cm,
    Artesia Bank

20. Prost dood, ets, 10 x 13 cm,
    Artesia Bank
    Prost mort, gravure, 10 x 13 cm,
    Banque Artesia
    Prost dead, etching, 10 x 13 cm,
    Artesia Bank

21. Portret van de vader van de kunstenaar
    A of: De man met de strohoed (1912),
    olie op doek, 121 x 110 cm,
    Musée d'Art Moderne, Luik
    Le père de l'artiste ou: L'homme au
    chapeau de paille (1912), huile sur
    toile, 121 x 110 cm, Musée d'Art
    Moderne, Liège
    The father of the artist or: The man with
    the straw hat (1912), oil on canvas,
    121 x 110 cm,
    Musée d'Art Moderne, Luik

22. Dame in het zwart gezeten in een
    interieur (rode hoed in de hand) of:
    Namiddag te Bosvoorde, 1908, olie op
    doek, 132 x 115 cm,
    Gemeentelijk Museum, Elsene
    La dame en noir assise dans un
    intérieur (chapeau rouge à la main) ou:
    Après-midi à Boitsfort, 1908, huile sur
    toile, 132 x 115 cm, Musée Communal,
    Ixelles
    Woman in black seated in an interior
    (red hat in hand) or: Afternoon at
    Bosvoorde, 1908, oil on canvas,
    132 x 115 cm, Gemeentelijk Museum,
    Elsene

23. Koer in de sneeuw, ets, 13 x 18 cm,
    Artesia Bank
    Cour sous la neige, gravure,
    13 x 18 cm, Banque Artesia
    Yard in the snow, etching, 13 x 18 cm,
    Artesia Bank

24. De binnenschippers, Mechelen, ets,
    12 x 16 cm, Artesia Bank
    Les bateliers, Malines, gravure,
    12 x 16 cm, Banque Artesia
    The barge skippers, Mechelen, etching,
    12 x 16 cm, Artesia Bank

25. De maskermaker, ets, 13 x 16 cm,
    Artesia bank
    Le sculpteur de masques, gravure,
    13 x 16 cm, Banque Artesia
    Mask sculptor, etching, 13 x 16 cm,
    Artesia Bank

26. Karnaval te Bosvoorde, ets,
    19 x 24 cm, Artesia Bank
    Carnaval de Boitsfort, gravure,
    19 x 24 cm, Banque Artesia
    Carnival at Bosvoorde, etching,
    19 x 24 cm, Artesia Bank

27. Studies van het portret van Rik zijn
    vader, penseel, o.i.inkt, 30,5 x 43,7 cm,
    Stedelijk Prentenkabinet, Antwerpen
    Le père de Rik, recherche de portrait,
    pinceau, encre de Chine,
    30,5 x 43,7 cm,
    Stedelijk Prentenkabinet, Anvers
    Studies of the portrait of Rik's father,
    brush, Indian ink, 30,5 x 43,7 cm,
    Stedelijk Prentenkabinet, Antwerp

28. De oude Charel wacht, recto, penseel,
    o.i.inkt en potlood, 15,5 x 11,5 cm,
    Stedelijk Prentenkabinet, Antwerpen
    L'attente du vieux Charel, recto,
    pinceau, encre de Chine et crayon,
    15,5 x 11,5 cm,
    Stedelijk Prentenkabinet, Anvers
    Old Charel waiting, recto, brush,
    Indian ink and pencil, 15,5 x 11,5 cm,
    Stedelijk Prentenkabinet, Antwerp

29. Nel en Netty, 1914, ets, 40 x 32 cm,
    Artesia Bank
    Nel et Netty, 1914, gravure, 40 x 32 cm,
    Banque Artesia
    Nel and Netty, 1914, etching,
    40 x 32 cm, Artesia Bank

30. Het ontbijt (1913), potlood,
    29,5 x 41,8 cm, Stedelijk
    Prentenkabinet, Antwerpen
    Le déjeuner (1913), crayon,
    29,5 x 41,8 cm, Stedelijk Prentenkabinet,
    Anvers
    Breakfast (1913), pencil,

29,5 x 41,8 cm, Stedelijk
Prentenkabinet, Antwerp

31. Tytgat staande in profiel, potlood,
16,1 x 10,1 cm,
Stedelijk Prentenkabinet, Antwerpen
Tytgat debout en profil, crayon,
16,1 x 10,1 cm, Stedelijk Prentenkabinet,
Anvers
Tytgat standing in profile, pencil,
16,1 x 10,1 cm, Stedelijk Prentenkabinet
Antwerp

32. Kaartspelende mannen, barak 18 -
Zeist, potlood, Stedelijk Prentenkabinet,
Antwerpen
Hommes jouant aux cartes, baraque 18 -
Zeist, crayon, Stedelijk Prentenkabinet,
Anvers,
Men playing carts, hovel 18 - Zeist,
pencil, Stedelijk Prentenkabinet, Antwerp

33. Drie figuren, rietpen, 23,5 x 16,9 cm,
Stedelijk Prentenkabinet, Antwerpen
Trois figures, plume de roseau, 23,5 x
16,9 cm, Stedelijk Prentenkabinet, Anvers
Three figures, rush pen, 23,5 x 16,9 cm,
Stedelijk Prentenkabinet, Antwerp

34. Internering te Amersfoort (1915),
penseeltekening op papier, 43 x 55,5 cm,
Hof van Busleyden, Mechelen
Internement à Amersfoort (1915),
dessin au pinceau, 43 x 55,5 cm,
Hof van Busleyden Malines,
Internment at Amersfoort (1915),
pen and ink drawing, 43 x 55,5 cm,
Hof van Busleyden, Mechelen

35. Schetsblad: naakte vrouw,
rechterarm omhoog, vrouw op de rug
gezien, potlood, 60 x 78,5 cm,
Prentenkabinet, Koninklijke Bibliotheek
van België, Brussel
Croquis: femme nue, bras droit levé,
femme vue de dos, crayon, 60 x 78,5 cm,
Cabinet des estampes,
Bibliothèque Royale de Belgique, Bruxelles
Sketch page: nude woman,
right arm raised, woman seen from the
back, pencil, 60 x 78,5 cm,

Prentenkabinet, Koninklijke Bibliotheek
van België, Brussels

36. Hollandse dienstmeiden op zaterdagavond (1915), houtskool,
372 x 291 mm,
Prentenkabinet, Koninklijke Bibliotheek
van België, Brussel
Les bonnes hollandaises le samedi soir
(1915), fusain, 372 x 291 mm,
Cabinet des estampes, Bibliothèque Royale
de Belgique, Bruxelles
Dutch servant girls saturday evening
(1915), charcoal, 372 x 291 mm,
Prentenkabinet, Koninklijke Bibliotheek
van België, Brussels

37. Schippers met bootshaak, 1915,
houtskool,
371 x 291 mm, Prentenkabinet,
Koninklijke Bibliotheek van België,
Brussel
Bateliers à la gaffe, fusain, 1915,
371 x 291 mm, Cabinet des estampes,
Bibliothèque
Royale de Belgique, Bruxelles
Boatmen with hook, 1915, charcoal,
371 x 291 mm, Prentenkabinet,
Koninklijke Bibliotheek van België,
Brussels

38. Vrouw met sjaal, o.i.inkt, 29 x 29 cm,
Gemeentekrediet, Brussel
Femme au châle, encre de Chine,
29 x 29 cm, Crédit Communal, Bruxelles
Woman with shawl, Indian ink,
29 x 29 cm, Gemeentekrediet, Brussels

39. Lezende vrouw, penseeltekening,
29 x 44 cm, Hof van Busleyden,
Mechelen
Femme lisant, dessin au pinceau,
29 x 44 cm, Hof van Busleyden, Malines
Woman reading, brush drawing,
29 x 44 cm, Hof van Busleyden,
Mechelen

40. Drie figuren, Gieters van het zotte
geweld, penseeltekening, Prentenkabinet,
Koninklijke Bibliotheek van België,
Brussel

Trois figures, Mouleurs de la vierge folle,
dessin au pinceau, Cabinet des estampes,
Bibliothèque Royale de Belgique, Bruxelles
Three figures, Casters of the foolish
frenzy, brush drawing, Prentenkabinet,
Koninklijke Bibliotheek van België,
Brussels

41. Mieleke Proost of de jonge boer Mieleke,
1911, brons, 20 cm, Artesia Bank
Mieleke Proost ou le jeune paysan Mieleke,
1911, bronze, 20 cm, Banque Artesia
Mieleke Proost or the young farmer
Mieleke, 1911, bronze, Artesia Bank

42. Buste van Rik Wouters, 1911, origineel
gips gepatineerd, 56 cm, Gemeentelijk
Museum, Elsene
Buste de Rik Wouters, 1911, plâtre origi-
nal patiné, 56 cm, Musée Communal,
Ixelles
Bust of Rik Wouters, 1911, original
plaster, painted, 56 cm, Gemeentelijk
Museum, Elsene

43. Kinderkopje, brons, 23 cm,
Gemeentekrediet, Brussel
Portrait d'enfant, bronze, 23 cm,
Crédit Communal, Bruxelles
Child's head, bronze, 23 cm,
Gemeentekrediet, Brussels

44. Borstbeeld van Rik Wouters,
brons, 47 x 56 x 25 cm,
Hof van Busleyden, Mechelen
Buste de Rik Wouters, bronze,
47 x 56 x 25 cm, Hof van Busleyden,
Malines
Bust of Rik Wouters, bronze,
47 x 56 x 25 cm, Hof van Busleyden,
Mechelen

45. Mijmering, 1911, brons gepatineerd,
44 x 50 x 52 cm, Artesia Bank
Contemplation, 1911, bronze patiné,
44 x 50 x 52 cm, Banque Artesia
Contemplation, 1911, Bronze, patina,
44 x 50 x 52 cm, Artesia Bank

46. De zieke vrouw met de witte sjaal
(1915), olie op doek, 131 x 115 cm,

Koninklijk Museum voor Schone
Kunsten, Antwerpen
*La femme malade au châle blanc (1915),
huile sur toile, 131 x 115 cm, Koninklijk
Museum voor Schone Kunsten, Anvers*
The ailing woman with white shawl
(1915), oil on canvas, 131 x 115 cm,
Koninklijk Museum voor Schone
Kunsten, Antwerp

47. Zomernamiddag te Amsterdam (1915),
olie op doek, 106 x 120 cm,
Musée d'Art Wallon, Luik
*Après-midi d'été à Amsterdam (1915),
huile sur toile, 106 x 120 cm, Musée
d'Art Wallon, Liège*
Summer afternoon in Amsterdam
(1915), oil on canvas, 106 x 120 cm,
Musée d'Art Wallon, Luik

48. Portret van Rik Wouters met sigaar,
blauwe jas, grijze hoed (1913),
olie op doek, 67 x 55,8 cm, Koninklijk
Museum voor Schone Kunsten,
Antwerpen
*Portrait de Rik Wouters au cigare,
veste bleue, chapeau gris (1913),
huile sur toile, 67 x 55,8 cm, Koninklijk
Museum voor Schone Kunsten, Anvers*
Portrait of Rik Wouters with cigar, blue
coat, grey hat (1913), oil on canvas,
67 x 55,8 cm, Koninklijk Museum voor
Schone Kunsten, Antwerp

49. Vrouw met de mantille, 1913,
pastel op karton, 90 x 70,5 cm,
Musée d'Art Wallon, Luik
*Femme à la mantille, 1913, pastel sur
carton, 90 x 70,5 cm,
Musée d'Art Wallon, Liège*
Woman with a mantilla, 1913, pastel
on cardboard, 90 x 70,5 cm,
Musée d'Art Wallon, Luik

50. In het dennenbos (1914), aquarel,
36 x 51 cm, Musée d'Art Wallon, Luik
*Personnages en fôret (1914), aquarelle,
36 x 51 cm, Musée d'Art Wallon, Liège*
Figures in the forest (1914), watercolour,
36 x 51 cm, Musée d'Art Wallon, Luik

51. Begrafenis van minister Beernaert, 1912,
aquarel en potlood, 27 x 43 cm,
Artesia Bank
*Enterrement du ministre Beernaert, 1912,
aquarelle et crayon, 27 x 43 cm,
Banque Artesia*
Funeral of Minister Beernaert, 1912,
Watercolour and pencil, 27 x 43 cm,
Artesia Bank

52. Kermis te Watermaal, ets, 17 x 14 cm,
Artesia Bank
*Kermesse à Watermael, gravure,
17 x 14 cm, Banque Artesia*
Fun fair at Watermaal, etching,
17 x 14 cm, Artesia Bank

53. Schets van Léon Thumilaire lezend,
potlood, 158 x 115 mm, Prentenkabinet,
Koninklijke Bibliotheek van België,
Brussel *Croquis de Léon Thumilaire lisant,
crayon, 158 x 115 mm, Cabinet des
Estampes, Bibliothèque Royale de Belgique,
Bruxelles*
Sketch of Léon Thumilaire reading,
pencil, 158 x 115 mm, Prentenkabinet,
Koninklijke Bibliotheek van België,
Brussels

54. Studieschets voor het portret van
W. De Troch, 1913, penseel, o.i.inkt,
44 x 52 cm, Koninklijke Musea voor
Schone Kunsten van België, Brussel
*Esquisse d'étude du portrait de
W. De Troch, 1913, pinceau, encre de
Chine, 44 x 52 cm,
Musées royaux des Beaux-Arts de Belgique,
Bruxelles*
Study sketch for the portrait of
W. De Troch, 1913, brush and Indian
ink, 44 x 52 cm,
Koninklijke Musea voor Schone
Kunsten van België, Brussels

55. Het winkeltje, ets, 16 x 20 cm,
Artesia Bank
*La boutique, gravure, 16 x 20 cm,
Banque Artesia*
The shop, etching, 16 x 20 cm,
Artesia Bank

56. Portret van Rik met de bontmuts, ets,
12 x 10 cm, Artesia bank
*Portrait de Rik au bonnet de fourrure,
gravure, 12 x 10 cm, Banque Artesia*
Portrait of Rik wearing fur hat, etching,
12 x 10 cm, Artesia Bank

57. Portret van Ernest Wijnants, eerste staat
(1912), olie op doek, 119 x 108,5 cm,
Hof van Busleyden, Mechelen
*Portrait d'Ernest Wijnants, premier état
(1912), huile sur toile, 119 x 108,5 cm,
Hof van Busleyden, Malines*
Portrait of Ernest Wijnants, first state
(1912), oil on canvas, 119 x 108,5 cm,
Hof van Busleyden, Mechelen

58. Portret van Ernest Wijnants, tweede staat,
1912, olie op doek, 120 x 110 cm,
Gemeentekrediet, Brussel
*Portrait d'Ernest Wijnants, deuxième état,
1912, huile sur toile, 120 x 110 cm,
Crédit Communal, Bruxelles*
Portrait of Ernest Wijnants, second state,
1912, oil on canvas, 120 x 110 cm,
Gemeentekrediet, Brussels

59. Portret van de kunstschilder Jehan
Frison, brons, 30 cm, Gemeentelijk
Museum, Elsene
*Portrait de l'artiste peintre Jehan Frison,
bronze, 30 cm, Musée Communal, Ixelles*
Portrait of the painter Jehan Frison,
bronze, 30 cm, Gemeentelijk Museum,
Elsene

60. De jonge Tytgat, 1910, brons, 28,5 cm,
Koninklijk Museum voor Schone
Kunsten, Antwerpen
*Le jeune Tytgat, 1910, bronze, 28,5 cm,
Koninklijk Museum voor Schone Kunsten,
Anvers*
The young Tytgat 1910, bronze,
28,5 cm, Koninklijk Museum voor
Schone Kunsten, Antwerp

61. Gebogen buste met haarwrong, 1909,
brons, 49 cm, Artesia Bank
*Buste penché au chignon 1909, bronze,
49 cm, Banque Artesia*

Bent bust with curl 1909, bronze,
49 cm, Artesia Bank

62. Gefantaseerd portret, potlood,
214 x 165 mm, Stedelijk Prentenkabinet,
Antwerpen
Portrait fantaisiste, crayon,
214 x 165 mm,
Stedelijk Prentenkabinet, Anvers
A fantasy portrait, pencil,
214 x 165 mm,
Stedelijk Prentenkabinet, Antwerp

63. Portret van Léon Thumilaire, potlood,
164 x 214 mm, Stedelijk Prentenkabinet,
Antwerpen
Portrait de Léon Thumilaire, crayon,
164 x 214 mm, Stedelijk Prentenkabinet,
Anvers
Portrait of Léon Thumilaire, pencil,
164 x 214 mm, Stedelijk Prentenkabinet,
Antwerp

64. De vriend Simon Lévy, potlood,
214 x 165 mm,
Stedelijk Prentenkabinet, Antwerpen
L'ami Simon Lévy, crayon, 214 x 165 mm,
Stedelijk Prentenkabinet, Anvers
The friend Simon Lévy, pencil,
214 x 165 mm, Stedelijk Prentenkabinet,
Antwerp

65. Portret van Steenhoff en een vrouw,
potlood, 237 x 218 mm,
Stedelijk Prentenkabinet Antwerpen
Portrait de Steenhoff et une femme, crayon,
237 x 218 mm, Stedelijk Prentenkabinet,
Anvers
Portrait de Steenhoff and a women,
pencil, 237 x 218 mm, Stedelijk
Prentenkabinet, Antwerp

66. Man en vrouw aan de tafel, pen en
o.i.inkt, 140 x 170 mm,
Stedelijk Prentenkabinet, Antwerpen
Homme et femme à table, plume et encre
de Chine, 140 x 170 mm, Stedelijk
Prentenkabinet, Anvers
Man and woman at a table, pen and
Indian ink, 140 x 170 mm,
Stedelijk Prentenkabinet, Antwerp

67. Tytgat aan tafel, pen en o.i. inkt,
295 x 397 mm, Stedelijk Prentenkabinet,
Antwerpen
Tytgat à table, plume et encre de Chine,
295 x 397 mm, Stedelijk Prentenkabinet,
Anvers
Tytgat seated at a table, pen and Indian
ink, 295 x 397 mm, Stedelijk
Prentenkabinet, Antwerp

67b. Interieur, twee personen, zwart krijt,
Prentenkabinet Koninklijke Bibliotheek
van België, Brussel
Intérieur, deux personnages, pierre noire
Cabinet des Estamps, Bibliothèque Royale
de Belgique, Bruxelles
Interior two figures, black chalk,
Prentenkabinet, Koninklijke Bibliotheek
van België, Brussels

68. Staande figuur, pen en o.i.inkt,
311 x 238 mm, Stedelijk Prentenkabinet,
Antwerpen
Figure debout, plume et encre de Chine,
311 x 238 mm, Stedelijk Prentenkabinet,
Anvers
Standing figure, pen and Indian ink,
311 x 238 mm, Stedelijk Prentenkabinet,
Antwerp

69. Zelfportretten, pen en o.i.inkt,
264 x 345 mm, Stedelijk Prentenkabinet,
Antwerpen
Autoportraits, plume et encre de Chine,
264 x 345 mm, Stedelijk Prentenkabinet,
Anvers
Self-Portraits, pen and Indian ink,
264 x 345 mm, Stedelijk Prentenkabinet,
Antwerp

70. Vrouw op het bed gezeten (1912),
aquarel, 42 x 47 cm,
Musée d'Art Moderne, Luik
Femme assise sur un lit (1912), aquarelle,
42 x 47 cm, Musée d'Art Moderne, Liège
Woman sitting on a bed (1912),
watercolour, 42 x 47 cm,
Musée d'Art Moderne, Luik

71. Vrouw de krant lezend, ets, 18 x 15 cm,
Artesia Bank
Femme lisant le journal, gravure,
18 x 15 cm, Banque Artesia
Woman reading the newspaper, etching,
18 x 15 cm, Artesia Bank

72. Lezende vrouw, potlood, 13 x 21,5 cm,
Hof van Busleyden, Mechelen
Femme lisant, crayon, 13 x 21,5 cm,
Hof van Busleyden, Malines
Woman reading, pencil, 13 x 21,5 cm,
Hof van Busleyden , Mechelen

73. Slapende vrouw, schetsboek, potlood,
13 x 21,5 cm, Hof van Busleyden,
Mechelen
Femme endormie, carnet de croquis,
crayon, 13 x 21,5 cm, Hof van Busleyden,
Malines
Woman sleeping, sketchbook, pencil,
13 x 21,5 cm, Hof van Busleyden,
Mechelen

74. Liggende vrouw, schetsboek, potlood,
13 x 21,5 cm, Hof van Busleyden,
Mechelen
Femme couchée, carnet de croquis, crayon,
13 x 21,5 cm, Hof van Busleyden, Malines
Reclining woman, sketchbook,
pencil, 13 x 21,5 cm,
Hof van Busleyden, Mechelen

74b. Rik met de ooglap, 1915, penseel-
tekening en o.i. inkt, 400 x 290 mm,
Koole Francis, Gent
Rik au bandeau noir, 1915, plume et encre
de Chine, 400 x 290 mm, Koole Francis,
Gand
Rik with the black eye-patch, pen and
Indian ink, 1915, 400 x 290 mm,
Koole Francis, Ghent

75. Liggende vrouw, 1912, penseel en
o.i.inkt, 44 x 53 cm, Artesia Bank
Femme couchée, 1912, plume et encre de
Chine, 44 x 53 cm, Banque Artesia
Reclining woman, 1912, pen and Indian
ink, 44 x 53 cm, Artesia Bank

76. De schilder op de Hoogbrug te
    Mechelen,1908
    olie op doek, 34,5 x 31 cm,
    Koninklijk Museum voor
    Schone Kunsten, Antwerpen
    Le peintre sur le Hoogbrug à Malines,
    1908 huile sur toile, 34,5 x 31 cm
    Koninklijk Museum voor
    Schone Kunsten, Anvers
    The painter on the Hoogbrug at
    Mechelen, 1908
    oil on canvas, 34,5 x 31 cm, Koninklijk
    Museum voor Schone Kunsten,
    Antwerp

77. Portret van Rik met de baard, ets,
    19 x 16, Artesia Bank
    Portrait de Rik à la barbe, gravure,
    19 x 16, Banque Artesia
    Portrait of Rik with beard, etching,
    19 x 16, Artesia Bank

78. Naakt in rieten zetel, 1911, houtskool,
    101 x 71,5 cm,
    Musée d'Art Wallon, Luik
    Nu au fauteuil d'osier, 1911, fusain,
    101 x 71,5 cm, Musée d'Art Wallon, Liège
    Nude in a wicker armchair, 1911,
    charcoal, 101 x 71,5 cm,
    Musée d'Art Wallon, Luik

79. Vrouw op de rand van een bed, olie op
    doek, 83 x 93 cm, Musée d'Art Wallon,
    Luik
    Femme au bord du lit, huile sur toile,
    83 x 93 cm, Musée d'Art Wallon, Liège
    Woman on the edge of a bed,
    oil on canvas, 83 x93 cm,
    Musée d'Art Wallon, Luik

80. Avondmelancholie of dromerij/ avond,
    1915
    aquarel, o.i.inkt, penseel, 62 x 48 cm,
    Gemeentelijk Museum, Elsene
    Mélancolie du soir ou Rèverie/ soir, 1915
    aquarelle, encre de Chine, pinceau,
    62 x 48 cm,
    Musée Communal, Ixelles
    Evening melancholy or reverie/ evening,
    1915

watercolour, Indian ink, brush, 62 x 48 cm,
Gemeentelijk Museum, Elsene

81. Naaiende vrouw, rode tulpen, 1915,
    aquarel, 44,5 x 67,5 cm,
    Koninklijke Musea voor Schone
    Kunsten van België, Brussel
    Femme cousant, tulipes rouges, 1915,
    aquarelle, 44,5 x 67,5 cm, Musées royaux
    des Beaux-Arts, Bruxelles
    Woman sewing, red tulips, 1915,
    aquarelle, 44,5 x 67,5 cm,
    Koninklijke Musea voor Schone
    Kunsten van België, Brussels

82. Rustend model (1910), potlood,
    202 x 259 mm, Stedelijk Prentenkabinet,
    Antwerpen
    Repos du modèle (1910), crayon,
    202 x 259 mm, Stedelijk Prentenkabinet,
    Anvers
    Model taking a rest (1910), pencil,
    202 x 259 mm, Stedelijk Prentenkabinet,
    Antwerp

83. Vrouw voor het interneringskamp,
    aquarel, 57 x 76 cm, Musée d'Art
    Wallon, Luik
    Femme devant le camp d'internement,
    aquarelle, 57 x 76 cm, Musée d'Art
    Wallon, Liège
    Woman in front of the P.O.W. camp,
    watercolour, 57 x 76 cm,
    Musée d'Art Wallon, Luik

84. Nel gezeten aan een tafel, toilet van de
    handen, 1915, penseel, o.i. inkt,
    Museum voor Schone Kunsten, Gent
    Nel assise à une table, toilette des mains,
    1915, pinceau, encre de Chine, Museum
    voor Schone Kunsten, Gand
    Nel seated at a table, toilet of the hands,
    1915, brush and Indian ink, Museum
    voor Schone Kunsten, Ghent

85. Naaiende vrouw, avond, 1915, penseel,
    o.i.inkt, 42,5 x 55 cm, Koninklijke
    Musea voor Schone Kunsten van België,
    Brussel
    Femme cousant, soir, 1915, pinceau,

encre de Chine, 42,5 x 55 cm, Musées
royaux des Beaux-Arts de Belgique,
Bruxelles
Woman sewing, evening, 1915, brush,
Indian ink, 42,5 x 55 cm, Koninklijke
Musea voor Schone kunsten van België,
Brussels

86. Vijf figuren waaronder twee
    schetsen voor Rik met de zwarte ooglap,
    penseel o.i. inkt, recto van nr.85
    Cinq figures dont deux croquis de
    Rik au bandeau noir, recto du n°85
    Five figures including two sketches for
    Rik with the black eye-patch,
    recto of n°85

87. De was, 1915, aquarel,
    38 x 52 cm, Artesia Bank
    La lessive, 1915, aquarelle,
    38 x 52 cm, Banque Artesia
    The laundry, 1915, watercolour,
    38 x 52 cm

88. Dame in het rood op het balkon, 1915,
    aquarel, 27 x 38 cm, Artesia Bank
    Femme en rouge au balcon, 1915,
    aquarelle, 27 x 38 cm, Banque Artesia
    Woman in red on a balcony, 1915,
    watercolour, 27 x 38 cm, Artesia Bank

89. De schilder Simon Lévy (1913),
    olie op doek, 100,5 x 80,2 cm,
    Koninklijke Musea
    voor Schone Kunsten van België, Brussel
    Le peintre Simon Lévy (1913), huile sur
    toile, 100,5 x 80,2 cm, Musées royaux des
    Beaux-Arts de Belgique, Bruxelles
    The painter Simon Lévy (1913), oil on
    canvas, 100,5 x 80,2 cm, Koninklijke
    Musea voor Schone Kunsten van België,
    Brussels

90. Vrouw gezeten voor een open venster,
    olie op doek, 100 x 75 cm,
    Gemeentekrediet, Brussel
    Femme assise devant une fenêtre ouverte,
    huile sur toile, 100 x 75 cm,
    Crédit Communal, Bruxelles
    Woman sitting in front of an open

window, oil on canvas, 100 x 75 cm,
Gemeentekrediet, Brussels

91. Het zotte geweld of de dwaze maagd
(1912), brons, 200 cm, Gemeente-
krediet, Brussel
*La vierge folle (1912), bronze, 200 cm,
Crédit Communal, Bruxelles*
The foolish frenzy (1912), bronze,
Gemeentekrediet, Brussels

92. Borstbeeld van James Ensor, 1913,
brons, 97 cm, Artesia Bank
*Buste de James Ensor, 1913, bronze,
97 cm, Banque Artesia*
Bust of James Ensor, 1913, bronze,
97 cm, Artesia Bank

93. Huiselijke zorgen (1913), brons,
222 cm, Hof van Busleyden, Mechelen
*Soucis domestiques (1913), bronze,
222 cm, Hof van Busleyden, Malines*
Domestic cares (1913), bronze,
222 cm, Hof van Busleyden, Mechelen

Fotoverantwoording · *crédits photografique* · photografic acknowledgments

AMVC, Antwerpen - *Anvers :* foto's / *Photos:* Rik Wouters 3, 13, 14, 15, 16, 17, 18
Archief voor Hedendaagse Kunst in België, Fonds Emile Langui, Koninklijke Musea voor Schone
Kunsten van België, Brussel / *Archives pour l'Art Contemporain, Fonds Emile Langui, Musées royaux
des Beaux-Arts de Belgique, Bruxelles,* Afb. nr., *Fig.* 1
Artesia Bank - *Banque Artesia :* cat.nrs.: 5, 12, 13, 14, 15, 16, 18, 19, 20, 23, 24, 25, 26, 29,
41, 45, 51, 52, 55, 56, 61, 71, 75, 77, 87, 88, 92,
Elsene, Gemeentelijk Museum / *Musée Communal d'Ixelles:* cat.nrs.:5, 22, 42, 59, 76, 80,
Galerij / *Galerie* R. Finck, Brussel / *Bruxelles,* Afb. nr., *Fig.* 7
Gemeentekrediet, Brussel / *Crédit Communal, Bruxelles:* cat.nrs.:2, 17, 38, 43, 58, 90,
Koninklijke Musea voor Schone Kunsten van België, Brussel / *Musées royaux des Beaux-Arts de
Belgique, Bruxelles:* cat. nrs. 6, 7, 8, 9, 54, 81, 85, 86, 89,
Koninklijk Museum voor Schone Kunsten, Antwerpen / *Musée Royal des Beaux-Arts, Anvers:*
cat.nrs. 10, 46, 48, 60, Afb nrs., *Fig.* 3, 8, 9, 11
Maris Jerry: cat. nrs. 1, 2, 4, 11, 34, 39, 44, 57, 72, 73, 74, 91, 93
Musée d'Orsay, Parijs / *Musée d'Orsay Paris:* Afb. nrs. *Fig.* 5, 10
Museum voor Moderne Kunst, Luik / *Musée d'Art Moderne, Liège:* cat.nrs. 47, 49, 50, 78, 79, 83
Museum voor Schone Kunsten, Gent / *Musée des Beaux-Arts, Gand* cat. nrs. 84
Prentenkabinet, Koninklijke Bibliotheek van België, Brussel / *Cabinet des Estampes, Bibliothèque
Royale de Belgique, Bruxelles*: cat; nrs.: 35, 36, 37, 40, 53, Afb. nrs., *Fig.* 6
Privé verzameling / *collection privée:* Afb. nrs., *Fig.* 1, 4, 7
Stedelijk Prentenkabinet, Antwerpen / *Anvers:* cat. nrs. 27, 28, 30, 31, 32, 33, 62, 63, 64, 65, 66,
67, 68, 69, 82, Afb. nrs., *Fig.* 2
Stefaan Hautekeete, Afb. nr., *Fig.* 4

Met dank aan:
Avec tous nos remerciements:

- Koninklijke Musea voor Schone Kunsten van België, Brussel /
Musées royaux des Beaux-Arts de Belgique, Bruxelles
Eliane De Wilde, hoofdconservator / *conservatrice en chef*
Anne Adriaens, conservator / *conservatrice*

- Koninklijk Museum voor Schone Kunsten, Antwerpen /
Musée Royal des Beaux-Arts, Anvers
Paul Huvenne, algemeen directeur / *directeur général*
Dorien Cardijn, conservator / *conservatrice*

- Museum voor Schone Kunsten, Gent / *Musée des Beaux-Arts,
Gand*
Robert Hoozee, hoofdconservator / *conservateur en chef*

- Museum voor Waalse Kunst, Luik / *Musée d'art Wallon, Liège*
Liliane Sabatini, hoofdconservator / *conservatrice en chef*

- Museum voor Moderne en Hedendaagse Kunst, Luik / *Musée
d'art Moderne et Contemporain, Liège*
Francine Dawans, conservator / *conservatrice*

- Museum Hof van Busleyden, Mechelen / *Musée Hof van Busleyden, Malines*
Heidi De Nijn, hoofdconservator / *conservatrice en chef*

- Prentenkabinet, Koninklijke Bibliotheek van België, Brussel /
Cabinet des Estampes, Bibliothèque Royale de Belgique, Bruxelles
Pierre Cockshaw, hoofdconservator / *conservateur en chef*
Nicole Walch, conservator / *conservatrice*

- Gemeentelijk Museum voor Schone Kunsten, Elsene /
Musée Communal des Beaux-Arts, Ixelles
Nicole d'Huart, hoofdconservator / *conservatrice en chef*

- Archief en Museum van de Literatuur, Koninklijke Bibliotheek
van België, Brussel / *Archives et Musée de la Littérature, Bibliothèque Royale de Belgique, Bruxelles*
Frans De Haes, eerstaanwezend assistent / *premier assistent*

- Archief en Museum voor het Vlaamse Cultuurleven, Antwerpen / *Archives et musée de la Vie Culturelle Flamande, Anvers*
Leen van Dijck, adjunct-conservator / *conservatrice - adjointe*

- Prentenkabinet van de stad Antwerpen / *Cabinet des Estampes
de la ville d'Anvers*
Francine De Nave, conservator / *conservatrice*

- Charliermuseum, Brussel / *Musée Charlier, Bruxelles*
Francine Delépine, conservator / *conservatrice*

- Groeningemuseum, Brugge / *Musée Groeninge, Bruges*
Valentin Vermeersch conservator / *conservateur*

- Gemeentekrediet Brussel / *Crédit Communal Bruxelles*
Joost De Geest, cultureel attaché / *attaché culturel*

- Artesia Bank / *Banque Artesia*
Marie-Anne Lichtert, kunstpatrimonium / *patrimoine d'art*
Christian Pinte, bestuurder-directeur / *administrateur - directeur*

Met bijzondere dank aan:
Avec remerciement special à:

Het College van Burgemeester en Schepenen van de stad
Mechelen / *Le Collège du Bourgmestre et Echevins de la ville de
Malines*
Professor /*Professeur* Sylvain Loccufier, Bert Popelier, Stefaan
Hautekeete, Dirk Discart, Bedet Simon
Dienst Musea van de stad Mechelen / *Musée communal de
Malines*
Dienst Toerisme van de stad Mechelen / *Office de tourisme de
Malines*
Rik Bellekens, Judith Cuypers, Rita Doomst, Eric Eeckhoudt,
Koen Leemans, Viviane Mertens, Christel Mievis, Christiane
Roelans, Mariette Schaerlaecken, Mzia Valerian Tvala-beishvili,
Chris Vanderbeek, Monique Van der Veken, Jeannine Van Roy,
Björn Van Vlasselaer, Guy Verreydt